Lecciones que la Vida me ha Enseñado

Lecciones que la Vida me ha Enseñado

Reynaldo Pareja

Para realizar pedidos de este libro, contacte con:
Palibrio LLC
1663 Liberty Drive
Suite 200
Bloomington, IN 47403
Gratis desde EE. UU. al 877.407.5847
Gratis desde México al 01.800.288.2243
Gratis desde España al 900.866.949
Desde otro país al +1.812.671.9757
Fax: 01.812.355.1576
ventas@palibrio.com
451151

ÍNDICE

A mis hijos, Andrés y Leonardo, la luz de mi alma; y a mi esposa, Patricia, la compañera de toda una Vida, les dejo por herencia estas lecciones que considero son el mejor regalo que les puedo ofrecer como Padre, como Amigo, como copartícipe en la Aventura de Vivir.

AGRADECIMIENTOS

Ni siquiera un libro tan personal como es este que pretende ser un testamento de las *Lecciones que la Vida me ha Enseñado* se escapa de la necesidad de ser revisado un sin número de veces y por muchas personas. El hecho de que se narren ideas destiladas de las experiencias vividas no exime al libro del ojo avezado para detectar debilidades en la construcción gramatical, errores de ortografía, falta de claridad en las ideas expresadas.

Si el presente libro logra la fluidez deseada y no lleva errores garrafales de gramática o de construcción idiomática es gracias al contingente de amigos que hicieron una paciente lectura y captaron los desfases a tiempo. Encabezan la lista Edmundo Pérez que tiene una envidiable facilidad para escribir adquirida en largos años de estar sacándole al idioma lo mejor que tiene para decir lo que quiere con gracia y donaire. Después le sigue Darío Restrepo, amigo de años atrás en la Universidad de Cornell (E.U.) que se ha vuelto un consumado editor. José Luis Marqués es otro colega de lides literarias con varios libros a su nombre mantiene las reglas gramaticales en la punta de los dedos y encuentra mis fallas enseguida. Otro colega de Universidad que he recientemente contactado, Carlos Posada, fue invaluable para la revisión de un capítulo del libro. Y termino la lista de agradecimientos con mi señora, Patricia, quien tiene la paciencia de leerse los primeros borradores indicándome enseguida cuáles son mis más obvios errores de ortografía, pero sobre todo, es la mejor critica de si mis ideas fluyen o no, si están claras, si hacen sentido.

A todos unos agradecimientos sinceros porque sin su ayuda es imposible producir un libro de tal calidad que otros quieran leer. Ustedes le han dado ese toque de calidad a este libro.

INTRODUCCIÓN

No hay mayor regalo que uno pueda dejarle como herencia a sus hijos, a sus amigos, a sus conocidos, que lo aprendido en la Vida como Lecciones de la misma. Este es el fruto destilado de reflexiones hechas sobre lo que he vivido, lo que he aprendido, lo que he asimilado, lo que he llegado a convertir en mi marco de referencia de por qué vivo celebrando cada día como un regalo permanente de la Existencia.

Despertar y vivir cada día es el regalo por excelencia que recibimos de la Existencia como criaturas inmersas en el espacio y el tiempo de esta vida terrenal. Es un regalo que no nos lo podemos dar por decisión consciente, apenas podemos cuidarlo como el tesoro que es. Es un regalo que ningún mérito mío me hace digno de él. Ser consciente de este regalo es la mejor de las lecciones aprendidas, pero es apenas una de las mejores.

Cuando partimos de esta dimensión de espacio-temporalidad solo dejamos el impacto beneficioso que hemos tenido en los que nos rodean, el cariño que hemos compartido con quienes nos aman y nos aprecian, la obra física que nos ha distinguido sea esta técnica, artística, poética, musical, filosófica, arquitectónica, o científica. Si en alguna de estas áreas dejamos alguna innovación, dejamos una huella profunda, una guía, un avance, nuestro nombre será recordado por varias de las generaciones que se beneficiarán de ese esfuerzo. Igualmente nos recordarán si dejamos huellas similares en su corazón y en su mente que les ayuden a formar su personalidad, a asimilar los valores que los guíen mientras compartimos esta Aventura de Ser terrenales.

Y si podemos prolongar dicho impacto con un legado conciso, como este que pretendo dejar, qué mejor expresión que dicho legado sea el resumen de las mejores *Lecciones que la Vida* me ha dado. Espero que quienes lleguen a leerlas puedan obtener de ellas algún fruto que les anime a seguir caminando en el sendero de lo desconocido con la certeza y la confianza de que van haciendo el buen camino. En ese momento sentiré, en donde quiera que esté, que mi paso por la vida estuvo justificado porque pude compartir lo aprendido con otros y que ellos pudieron no solo sacarle provecho, sino que de alguna manera les ayudó a hacer el recorrido de este peregrinar.

Capitulo 1

Mi relación con el mundo físico

Probablemente la mejor manera de organizar estas reflexiones-lecciones es hacerlo siguiendo el curso natural de nuestro desarrollo personal. Lo primero que percibimos es el mundo físico que nos rodea con el cual establecemos una relación de dualidad: el mundo de las cosas está, *allá fuera* de mí. Yo no soy esas cosas, como ellas no son Yo. Este es el tema del primer capítulo. Después viene la etapa que dura toda la vida que es el descubrir el mundo interno que es uno mismo, nuestra capacidad reflexiva, nuestras emociones, miedos y pasiones; nuestra conciencia que nos permite darnos cuenta que pensamos, que somos, que preguntamos y que descubrimos que somos idénticos a nosotros mismos. Este es el eje que hilvana el segundo capítulo.

Una etapa paralela es el ir poco a poco elaborando esa permanente relación con los demás que define en gran parte la psicología, las actitudes, el cómo establezco mi red social, cuál es el sentido de la vida, tema del tercer capítulo. Ineludible realidad de relaciones que se convierten en el marco donde uno se descubre ángel y demonio a la vez con capacidad para hacer el bien o el mal. De ahí que sea necesario definir el ámbito de los Valores que uno cree, sigue y vive de acuerdo a ellos; materia prima del cuarto capítulo. Finalmente está la dimensión de Trascendencia que nos pone en contacto con el Creador, con la Fuente de Existencia y allí también he encontrado lecciones que la Vida me ha dado y que deseo compartir con el lector. Comencemos pues con mi relación con el mundo físico.

La realidad es lo percibido

No existe realidad para mí, o para nadie si no la puedo captar y afirmar como existente, aunque no la comprenda del todo.

Esta afirmación es densa en contenido pero supremamente importante, pues es la base para muchas de las reflexiones que a continuación presento como Lecciones de la Vida respecto del mundo físico. Por lo tanto, es necesario desglosar su contenido para entender su importancia posterior.

Hubo una época del desarrollo de la ciencia moderna que se obsesionó con el concepto de 'realidad objetiva' y buscó por muchos medios afirmar que dicha realidad objetiva existía independiente del observador. Toda participación subjetiva en la definición de la realidad objetiva era un factor de contaminación. Así que se procuró darle al método de investigación el máximo posible de autonomía de manera que la intervención necesaria del hombre era accidental, pues los resultados del proceso científico utilizado mantenían su consistencia independientemente de quienes participaban en el proceso mismo de la investigación. Cuando lograron un 'proceso aséptico' en el que se habían auto-convencido de que su participación era 'nula' y que los resultados eran 'la realidad objetiva', proclamaron que esa era la única forma valedera de hacer afirmaciones sobre la realidad 'allá fuera' de nosotros; afirmación que correspondía a una realidad que era independiente de nuestra percepción de la misma.

Sin embargo, con la aparición de la teoría cuántica y el establecimiento del principio del indeterminismo de Heisenberg (1901-1976), la misma ciencia tuvo que replantearse la posición absolutista de una *realidad objetiva* existiendo independientemente del investigador o del simple contemplador de la misma. Del principio de indeterminismo de Heisenberg se desarrolló la teoría de la mecánica cuántica que afirma que a ese nivel no es posible observar un sistema sin influenciar todo el sistema, por lo tanto el resultado esperado. Esto se hizo patente en experimentos en el que se quería averiguar si el electrón se manifestaría como partícula o como onda electromagnética. Éste se manifestaba de acuerdo a la expectativa que el investigador tenía. O sea que la intencionalidad o la expectativa que el investigador tenía de cuál sería la manifestación del electrón que se estaba estudiando, influía de tal manera que de hecho se manifestaba como lo había anticipado el observador. Estos resultados, verificados múltiples veces, obligaron a los científicos a replantear el concepto de '*objetividad*' de la realidad cuántica independientemente del observador y afirmar el nexo indisoluble entre una realidad y la otra.

Para los fines de la lección que queremos presentar baste el siguiente análisis mucho más simple. Toda afirmación sobre la realidad, escrita, presentada con fotos, con dibujos, con gráficas; toda explicación verbal que se haga sobre la realidad, tiene un presupuesto de base que es irrefutable. Este es, que dichas afirmaciones sobre lo que es la realidad las hacemos todos, desde los científicos hasta el que limpia el laboratorio al final del día. Nada de lo afirmado sobre la realidad apareció en el ámbito del conocimiento sin que una persona, un individuo lo afirmara, lo dibujara, lo moldeara o lo escribiera en algún momento. No hay realidad afirmada que no haya sido procesada primero por la mente de un individuo quien después la haya codificado con símbolos, con números, con palabras, con dibujos para que otros logren obtener la '*misma*' imagen, idea, o concepto de aquello que él o ella lograron entender de la realidad analizada. Cuando un número suficiente de personas coinciden en percibir la '*misma*' interpretación de la realidad hecha por el que la reseñó originalmente, en ese momento se puede afirmar que dicha realidad se convierte en 'objetiva' para todos los que están de acuerdo en hacer la misma interpretación.

Pero el proceso individual de percepción no se puede pasar por alto. Más aún, la percepción que cualquiera tenga de la realidad es para esa persona la realidad, independientemente de si se equivoca en la interpretación de los datos o de los estímulos recibidos directamente. Lo que la persona percibe como realidad es en efecto lo que es real para esa persona. No se puede afirmar una realidad existente que no sea a través de lo percibido por el individuo. Esto es válido aun para el caso del que imagina un unicornio. Aunque no lo haya visto jamás caminando por ahí, ese unicornio es una realidad posible en su imaginación, y en ella el unicornio puede volar, puede entender y hacerse entender, hasta puede tener poderes mágicos.

En casos de disociación intensa con lo que acordamos que es la 'realidad normal', el individuo entra en la categoría de paciente mental, que vive la realidad creada por él. Aunque dicha realidad no tenga correspondencia a la 'realidad' que los demás perciben, para él esa realidad percibida es la realidad en la que vive, en la que camina, en la que come, en la que duerme, en la que encuentra sentido a su existencia, aunque no corresponda a la interpretación de la 'realidad normal' que la mayoría hace.

Queda claro, pues, que no hay realidad existente para nadie que no sea la que uno percibe, procesa, analiza, categoriza y organiza como el marco de referencia con el cual mide toda percepción que recibe. La realidad afirmada como tal es la que nos brinda el marco donde llevamos a cabo nuestro diario vivir. Esa realidad, por lo general, es la que hemos consentido y admitido que es la 'realidad objetiva' dentro de la cual proseguimos nuestro incesante proceso de conocer, de afirmar algo nuevo sobre la realidad que no conocíamos antes y que ahora podemos develar.

La realidad percibida en primera instancia es como una cebolla

¿Por qué?

Porque la realidad que vemos en un primer momento siempre tiene varias capas de otras realidades así como una cebolla está hecha de varias capas superpuestas las unas sobre las otras. Si se quiere llegar al núcleo íntimo de la cebolla hay que retirar cada capa hasta encontrarlo.

Esta afirmación es supremamente importante para entender la vida, para entender la relación con los demás, para entender cómo se puede, válidamente, percibir la realidad vista desde el punto de vista *'del otro'*.

Nada de lo que vemos y percibimos en primera instancia es la realidad completa de lo observado, sean estos objetos sólidos, vegetación, animales o personas. La primera impresión, la primera apreciación es la que nos da una imagen, un contorno, una definición de masa, de color y de forma, que le damos nombres para identificarlos, como carbón, petróleo, cuarzo, diamante, piedra preciosa, oro, rosa, petunia, clavel, buganvilia, cacto, cedro, caoba, gato, perro, caballo, vaca, lagartija, pájaros, mariposas, reptiles, niños, niñas, infantes, adolescentes, jóvenes, personas maduras, personas de la tercera edad, etc.

Nombres que corresponden a unidades físicas, biológicas, y autónomas, con su propia fisonomía, con su propia individualidad, con su propia personalidad, con su sello de unicidad. Aunque tenemos un sinnúmero de nombres para cada una de estas realidades, sin embargo, ninguna se agota en lo que primero vemos y clasificamos. En todas hay una realidad interior que no se ve a primera vista y que, como la cebolla, hay que irle quitando las capas para darnos cuenta de que en su interior se esconde una riqueza de realidad interna, de realidad adicional que no sospechábamos que existía sino hasta el momento en que decidimos indagar en profundidad sobre dicho objeto, animal o persona.

En el mundo de los sólidos

Varios ejemplos concretos ilustran la profunda enseñanza de la Vida que nada es lo que se ve a primera instancia. Las geodas son rocas enteras que tienen forma de grandes huevos ovalados de hasta más de un metro de altura y se encuentran principalmente en las montañas del Estado de Montana (EE. UU.) y del Brasil. Su superficie externa muestra una capa áspera, de colores opacos (gris-verdoso, o un color ceniza, oscuro y sucio). Es, sin duda alguna, un excelente ejemplo de una roca fea sin ningún atractivo. Sin embargo, cuando se corta una de estas rocas por la mitad, se descubre que es hueca en el centro y que dentro de ella hay un verdadero cultivo de vistosos cristales engalanados de colores morados, púrpuras, y blanco cristalinos que brindan un espectáculo de belleza escondida.

Los minerales como el cuarzo, el lapislázuli, el coral negro, el ojo de tigre, el ónix y el ágata, a primera vista, en su estado bruto, muestran superficies ásperas, oscuras, nada atractivas. Una vez que son pulidos con máquinas especiales aparecen cristales naturales de una rutilante belleza que brillan como si tuvieran luz propia demostrando que en la osca superficie exterior de los minerales, como el de las geodas, se esconde otra realidad, que aunque no se ve a primera vista, ésta aparece deslumbrante cuando se les pule la capa exterior que los cubre. Belleza escondida, que no por ello se puede afirmar que no existe. El más elocuente de todos es el diamante. En su estado bruto no parece ser más que una vulgar piedra con aspecto de vidrio sucio, pero una vez tallada, la pureza del cristal aparece en todo su esplendor, convirtiéndose en una piedra preciosa de valor inalcanzable para la mayoría de nosotros.

La estructura de los sólidos

Los objetos sólidos a primera vista son eso mismo, sólidos. Son sólidos porque su superficie es muy densa, tan densa que no deja que otro objeto los pueda traspasar como lo permiten el agua, el aire, los gases. Esta solidez es el resultado de la cohesión que se da entre las moléculas que lo componen. Sus átomos están tan estrechamente entrelazados que el campo de la densidad se vuelve la realidad de objeto sólido que conocemos.

Sin embargo, esta realidad interna de la composición de los sólidos por agrupación de moléculas no es la última realidad de la materia. Los físicos atómicos (Ernest Rutherford, Niels Bohr, Max Planck, Albert Einstein) nos abrieron una puerta para darnos a conocer otro nivel de realidad de la materia: una estructura subatómica cuyo diseño y organización no solamente es sorprendente, sino que a la vez se asemeja a la estructura misma de nuestro sistema solar conocido. Esta estructura, en su primer nivel más elemental, está compuesta por un núcleo central configurado por partículas más elementales llamadas protones y neutrones. Alrededor de este núcleo giran, con asombrosas velocidades, una serie de partículas negativas eléctricas llamadas electrones. Estos giran alrededor del núcleo en orbitas circulares y ovoides, cuyo espacio entre ellos y el núcleo es parecido al de la Luna y la Tierra.

Aunque esta realidad atómica está en todo sólido, no la podemos percibir a simple vista. Requerimos del portentoso microscopio electrónico para lograr una imagen borrosa de dicha organización atómica. Aunque no la veamos, sigue siendo real, sigue actuando como el sustento elemental del mundo de los sólidos.

El mundo biológico también tiene otra realidad interior, "no visible"

Cabe ahora preguntarnos si esta misma dimensión de la 'otra realidad escondida' se replica a nivel de los seres vivos, los animales, las plantas. ¿Tienen ellos, replican ellos una organización, una realidad no visible en forma similar a la realidad que esconden los sólidos?

La respuesta es: ¡Sí!

La realidad de los seres vivos tiene un nivel paralelo de otra realidad objetiva, no visible a simple vista, como la tienen los objetos no-vivos. Igual que los sólidos, la materia orgánica tiene una superficie externa que da la impresión de ser uniforme, sólida. Algunas veces muy densa y fuerte como la corteza de un roble, la coraza de un cocodrilo o de una tortuga; la piel de un puerco, de un gorila, de una vaca. Otras veces se presenta con la delicadeza de la superficie de los pétalos de una flor, o las alas de una mariposa.

Al abrir un animal lo primero que se ven son unidades orgánicas a las que les hemos dado nombres individuales para distinguirlas. Así tenemos los riñones, el corazón, los intestinos, los pulmones, el estómago, el hígado, y los múltiples músculos. Cuando se toma un fragmento de cualquiera de estos órganos y se estudia con la ayuda de un potente microscopio, nos quedamos maravillados al "ver" una realidad interna de increíble complejidad. Observamos que cada órgano está compuesto por tejidos que, a su vez, están compuestos por unidades aún más pequeñas llamadas 'células'. La célula es la unidad básica de la vida. Todos los organismos están compuestos por células (hay algunos que sólo tienen una).

Cuando se 've' la célula animal en su interior con el instrumento adecuado se descubre que cada una tiene una materia interna dentro de la cual está el citoplasma que contiene muchos elementos diferentes, y en el centro se encuentra un núcleo en cuyo interior hay un material genético compuesto por los cromosomas que contienen los hilos de ADN y RNA que dan origen a todo lo vivo. (1)

En el Cuerpo Humano

Cabe preguntar enseguida. ¿Se da en el hombre una realidad multidimensional similar a la que encuentra en la realidad de los objetos 'allá fuera' del hombre?

Paralelo al mundo orgánico de las plantas y los animales, dentro del hombre se da una realidad escondida, una realidad que se encuentra dentro del caparazón del esqueleto y de la piel que lo cubre todo. Cuando se abre el cuerpo de una persona se descubre que está lleno de órganos que forman sistemas que están entrelazados tanto físicamente como en sus funciones. Así se dan los sistemas de la respiración, de la digestión, de la circulación, del sistema nervioso que tienen a su vez órganos específicos dedicados a funciones vitales especificas, como por ejemplo el corazón que debe bombear la sangre a todo el cuerpo, las arterias que llevan dicha sangre a todos los órganos, las venas que devuelven la sangre al corazón. Está el sistema digestivo con la boca, la saliva, el estómago, el intestino delgado, el hígado y el intestino grueso, todos contribuyendo con un paso al proceso de transformar el alimento ingerido en proteínas, vitaminas, y glucosa que el cuerpo requiere.

Similar a la realidad escondida en los órganos de los animales, los órganos humanos están compuestos por millones de células encargadas de llevar a cabo las complejas funciones de cada órgano. Sin embargo, es en este nivel de intimidad de la célula donde se encuentra, en el núcleo, la cadena similar de la doble hélice del ácido desoxirribonucleico (ADN), que origina la vida, y que contiene las instrucciones genéticas usadas en el desarrollo y el funcionamiento de todos los organismos vivos conocidos. En esta hélice se encuentran los cromosomas que son 23 pares en cada persona y están encargados de determinar el sexo de la persona. (2)

Compleja realidad escondida en la profundidad de cada célula, y ésta, a su vez se encuentra inmersa en el mar de otras células que componen un órgano, y estos conforman el consorcio de los demás órganos del cuerpo que se ven a primera vista cuando se corta con un bisturí la piel que cubre todos los músculos y el esqueleto humano.

En el cerebro

Cuando el cerebro se ve fuera del cráneo, se parece a una nuez del tamaño más pequeño que una pelota de vóleibol compuesta de dos partes similares, llamadas hemisferios que conforman la corteza cerebral, cada uno al lado derecho e izquierdo del cráneo. El cerebro es, en términos populares, una 'masa gris' compacta, pero en realidad es de un color beige rosado y ligeramente blanquecino en el interior. Esta masa tiene una consistencia similar a la gelatina blanda o al tofu y tiene un peso promedio alrededor de 1.5kg y 1,260 cm3.

A primera vista la corteza cerebral da la impresión de ser una sola masa pero cuando se le mira de cerca se nota que tiene pliegues que dan vueltas y que estos muestran una organización por secciones. Los anatomistas le han dado nombres a estas secciones. Primero dividen cada hemisferio en cuatro 'lóbulos' con un correspondiente nombre para cada uno: el lóbulo frontal, el lóbulo parietal, el lóbulo occipital y el lóbulo temporal. A cada pliegue le asignan un surco, y a la zona lisa entre los pliegues una circunvolución. (3)

La parte frontal del cerebro es el centro que determina el razonamiento, las emociones, y la personalidad. (4) Los científicos saben con certeza que la mitad derecha del cerebro controla la parte izquierda del cuerpo y la mitad izquierda del cerebro controla el lado derecho del cuerpo. El hemisferio izquierdo es el que lleva a cabo las funciones analíticas, el lenguaje, las matemáticas y la lógica. Permite resolver problemas de matemáticas, jugar videojuegos, alimentar a los peces, bailar, recordar el cumpleaños de la hermana y dibujar. El hemisferio derecho se encarga de las facultades mentales expresivas y artísticas Los científicos afirman que la mitad derecha ayuda a pensar en cosas abstractas, como en la música, los colores o las formas

Además de la corteza cerebral se encuentra el tronco encefálico que controla la respiración, el ritmo cardíaco, y otros procesos autónomos. El cerebelo, que está a la base del cerebro, es responsable del equilibrio corporal, coordinando la postura y el movimiento. (5)

El increíble funcionamiento del cerebro

Los estudiosos del cerebro nos dicen que la composición de esta materia gris, a su nivel más íntimo es similar a los órganos del cuerpo que están compuestos de células. El cerebro está igualmente estructurado por millones de células llamadas neuronas (más de 100 billones de ellas). (6) Estas neuronas tienen unas finísimas extremidades a manera de delicadísimos 'pelos' o terminaciones llamados dendritas, calculadas en 100 trillones. (7)

La señal emitida en el cerebro desciende vertiginosamente por las dendritas de cada neurona involucrada que pasa la información química bio-eléctrica a las dendritas de otra neurona que, a su vez, hace esto en forma inmediata a las subsiguientes. La información desciende por las ramas del sistema nervioso hasta que llega a cada órgano y músculo y le "dice" qué debe hacer, cómo funcionar. Este impulso bio-energético salta químicamente el micro espacio vacío que existe entre una dendrita y otra a través de los neurotransmisores, que son una sustancia química que crea un 'puente' y hace una 'sinapsis' (la conexión) entre cada neurona. (8)

Estos pulsos bio-eléctricos entre dendritas ocurren a velocidades increíbles pues una señal de una dendrita salta a otra en cuestión de una fracción de un milisegundo y una señal originada en el cerebro tarda apenas 1/50 de segundo en llegar al dedo del pie. (9)

El tallo cerebral controla las funciones automáticas que no dependen para nada que uno sea consciente de ellas. El corazón sigue latiendo entre 60-70 veces por minuto durante toda la vida sin que yo tenga que preocuparme una sola vez de su funcionamiento, al menos claro, que por el desorden en la comida termine bloqueando mis arterias con colesterol que no deja pasar la sangre. De la misma forma no tengo que preocuparme por respirar. Esto lo hago constantemente, durante el día entero y la noche sin que tenga que pensar un solo instante que tengo que hacerlo. Igualmente no tengo que preocuparme de cuáles ácidos deben entrar en acción para digerir la comida, ni en qué momento dicha comida está lista para ser transportada por el intestino delgado o en qué momento los nutrientes son descompuestos de manera que puedan entrar en el torrente sanguíneo. No tengo por qué preocuparme de que mi riñón filtre el ácido úrico de los músculos y que mi vejiga después lo expulse en la orina. No tengo por qué preocuparme en ningún momento por las funciones del hígado y su producción de bilis.

Adicionalmente se encuentra el cerebelo, ubicado en la parte inferior del cerebro, por encima del tallo cerebral, que procesa información que recibe del tallo cerebral y de la corteza motora para coordinar todos los movimientos, la mayoría de los cuales no tengo que ser consciente de ellos para ejecutarlos, tal como el caminar, el correr. Si necesito hacerlo, simplemente lo hago sin pensar cuál es el movimiento que debo hacer para llevar a cabo la acción correspondiente.

Esta es la base física y bioquímica que le permite al cerebro llevar a cabo sus funciones, que no se pueden 'ver' cuando se saca el cerebro del cráneo, como no se puede 'ver' funcionando el maravilloso sistema bio-eléctrico, que ofrece la base necesaria para que se dé la más noble, la más increíble función del cerebro: la producción del conocimiento humano.

El conocimiento humano: la creación mental invisible

Actualmente no hay duda respecto a que todos los procesos mentales (pensamiento, ideas, imaginación, recuerdos, memoria, ilusiones o emociones en general), tienen una base en el cerebro y que son procesos cerebrales, es decir, son el producto del funcionamiento cerebral que, además es diferente, si se da en estado consciente o en estado de inconsciencia como en el sueño. Experimentos hechos con gente despierta y durmiendo a quienes se les han colocado electrodos en diferentes zonas del cerebro han demostrado que el cerebro emite ondas Beta cuando está despierto, y ondas Alfa cuando está dormido. Para que el individuo esté despierto implica que está en un estado de alerta y de acción y por ello las ondas Beta están más activas.

Pero igualmente es cierto que dicho funcionamiento cerebral no explica la inmaterialidad de los sueños, de los conceptos, de los recuerdos ni de la imaginación. Y de esto no hay duda que son reales y que existen, pues de estos pensamientos, imágenes, conceptos, raciocinios es donde han nacido todos los inventos tecnológicos como la computadora, todas las imágenes poéticas como la Divina Comedia de Dante Alighieri, todas las obras artísticas de increíble realismo como el David de Miguel Ángel, o el hiper-realismo de la monja contemporánea, Isabel Guerra - (en el 2012 vivía en el monasterio cisterciense de Santa Lucía Zaragoza); o las ideas filosóficas de Aristóteles, de Schopenhauer, de Kant, de Sartre, y del contemporáneo Ken Wilber o los planos arquitectónicos y de ingeniería para construir rascacielos y torres que desafían la gravedad haciendo cosquillas a las nubes bajas como la torre de Dubái, la de Hong Kong, la de Tailandia.

Estamos dentro de dos mundos o realidades internas de aparente contradicción. Por un lado el cerebro con su masa especifica, con su densidad, con su organización en hemisferios especializados, con su red de millones de neuronas que producen, procesan y crean pensamientos que no se albergan en ningún sitio especifico puesto que cuando se investiga dónde, dentro de qué neurona se encuentra tal o cual pensamiento, no se puede identificar ninguna neurona precisa, no se puede aislar un grupo de neuronas, y afirmar que allí se alberga un pensamiento especifico, un concepto preciso, un recuerdo único de la infancia, la imagen de un retrato o pintura que quedaron impresos en la memoria.

Sin embargo, no solo existen los pensamientos y recuerdos, sino que puedo crear, procesar y almacenar cientos, miles de ellos. Puedo recurrir a un número significativo de dichos pensamientos y usarlos para procesar y crear nuevos pensamientos, nuevas ideas, nuevas soluciones, nuevas realidades. De este maravilloso proceso surgen los rascacielos, se construye un puente sobre una bahía, se asfalta una cinta de carretera por el desierto, se atraviesa una montaña con un túnel, se represa un río, se vuela por encima de las montañas más altas de la tierra, se ensilla un elefante como medio de transporte, se inunda un valle, se coloca un rastreador electrónico en el lomo de un delfín y se le sigue en su ruta marina alrededor del mundo.

Los pensamientos y las ideas son portentosos. Nos muestran, demuestran y ponen en evidencia que hay una realidad verificable, sistemáticamente confirmable dentro de nosotros mismos que no depende de la espacio-temporalidad para existir. Al contrarío, los pensamientos entran y salen de esa dimensión de no espacio-temporalidad a nuestra espacio-temporalidad con la facilidad e instantaneidad con que parpadeamos. Los pensamientos **existen y son**, pues podemos verificar su existencia dentro de nosotros y podemos hacerlos presentes en nuestra consciencia cada vez que los necesitamos. Así, la formula pi; la regla de 3; el concepto de pirámide, de triángulo, de rectángulo o de la relatividad; una vez que los entendemos y los archivamos dentro del cerebro-mente, ahí están y los podemos usar en cualquier momento, no importa dónde estemos ubicados en el planeta o en qué momento del día o de la noche los necesito.

Podemos pues, afirmar con propiedad, que la mente humana manifiesta, sin lugar a dudas, un universo real e invisible, no-tangible, no-observable compuesto por los pensamientos. Estos conforman un universo auténticamente real y existente, aunque sea en la inespacio-temporalidad de la mente que se asemeja enormemente al nivel de la realidad cuántica. Realidad auténtica y presente, aunque desafía la realidad que estamos más acostumbrados a decir que es la realidad objetiva, aquella que es más densa y observable, medible y palpable con la cual estamos tan acostumbrados a convivir diariamente que afirmamos que es la 'realidad verdadera'.

Al decir que estos pensamientos, ideas, imágenes, conceptos son reales, pero a la vez son inmateriales estamos hablando entonces de un nivel de funcionamiento del cerebro que va más allá de su masa física y se expresa en un nivel de realidad donde la espacio-temporalidad no funciona pues sus leyes no se le aplican. Estamos en un nivel de no-espacio-temporalidad de la mente humana.

La realidad de lo que el otro me dice

Una cosa es lo que oímos cuando alguien nos cuenta, nos narra, nos describe algo que le ocurrió; otra es lo que la persona está queriendo decir pero no lo captamos porque, con nuestra percepción, estamos siempre filtrando lo que nos dice. Cuando el amigo me comparte la confidencia que su mujer ha tenido un affaire con otro hombre, puede no darme un solo detalle de lo ocurrido, pero es muy probable que mientras me lo cuenta yo haya creado una imagen de ella coqueteándole al individuo, seduciéndolo, llevándolo a la cama, y hago este proceso sin haber oído una sola descripción del hecho, sin haber testimoniado nada de lo ocurrido. Yo creo mi propia interpretación de lo que ocurrió y después la cuento como si fuera lo que pasó.

Este poder de interpretación que tenemos los humanos es una forma de crear una realidad que no existía, poniéndole un sello personal como si fuese verdad, aunque la verdadera razón por la cual el amigo me hizo la confidencia fue para compartir el dolor que sentía por lo ocurrido. En cambio, yo hice una interpretación de lo que me contó y creé en mi imaginación otra realidad que la comparto con otros afirmando que así fue como ocurrieron los hechos.

Este acercamiento a la realidad es el que me lleva a hacer juicios gratuitos e incorrectos sobre los demás. Escuchamos, interpretamos y re-creamos lo oído en una nueva versión que puede diferir diametralmente de la intención que tuvo la persona al hacerme su confidencia. De la misma forma hacemos interpretaciones de los acontecimientos históricos que presenciamos, que vivimos, o que escuchamos y afirmamos categóricamente que esa es la interpretación correcta, aun sin haber escuchado la versión de quienes vivieron el hecho.

De ahí la necesidad de oír las diferentes versiones de lo ocurrido para poder sacar una media de lo que pudo haber pasado. Vivir pues, condicionado a la interpretación primera de la realidad, es el nivel más superficial de vivir. En ese nivel no se profundiza ni se encuentran los puntos de vista alternativos, las percepciones válidas de los demás.

Ahora si tenemos los elementos para hacer la siguiente conclusión parcial: *La realidad no se agota en lo primero que percibimos.* También estamos en posición para sacar la siguiente enseñanza de vida. A*firmamos que algo es real, que constituye la 'realidad' porque lo primero que percibimos de ella - su objetividad externa, observable, tangible, y medible - nos estimula a afirmar que ésa es su realidad total. Pero, de hecho, toda realidad objetiva tiene, en primera instancia, una realidad externa visible y tangible, pero además tiene una realidad interna, no visible, constitutiva en definir la realidad total.*

De ahí, pues, la importancia de aprender esta gran lección que nos da la Vida: *no juzgues de inmediato lo que ves, lo que percibes en primera instancia, lo que el Otro te dijo, lo que el evento representó.* Esto es apenas la primera capa de la cebolla. Para captar la totalidad de la realidad escondida es necesario quitar con paciencia las otras capas de la cebolla-realidad hasta lograr una visión de conjunto de lo ocurrido; entonces, quizá, se asemeje a como el Otro ha vivido la misma experiencia.

Solo entonces comenzamos a poner las bases de un diálogo constructivo y respetuoso en el que, el esfuerzo consciente de que solo tenemos un aspecto de la realidad total de cualquier evento, de cualquier cosa desconocida, nos permite descubrir – a través de las interpretaciones parciales de cada uno - una imagen más completa y auténtica de lo que es la realidad total juzgada, analizada, aceptada y modificada.

La Tierra es mi verdadero país

Hay otra gran Realidad: la relación que tengo con el planeta Tierra donde nazco, crezco, me desarrollo, hago algo productivo de mi existencia, me proyecto, me realizo, dejo un legado y finalmente me disuelvo en mis componentes biológicos para devolverle al subsuelo los elementos que necesita para seguir sosteniendo el ciclo de Vida.

Para la mayoría urbana, estamos sobre el planeta con la finalidad primordial de obtener de él todo lo que necesitamos para sobrevivir. El planeta 'está ahí', 'fuera de nosotros', como realidad 'objetiva', separado de mi realidad física. En esa concepción la Tierra está 'ahí', 'fuera', para darme todo lo que necesito para sobrevivir: aire, agua, comida, materias primas para producir vestidos, casas, edificios, ciudades, y todo tipo de máquinas que nos ayudan a suavizar las durezas de la vida.

El planeta concebido así es el ente proveedor que tiene que darnos todo lo que pedimos, lo que necesitamos. Está allá, fuera de nosotros, para servirnos, para satisfacer nuestras necesidades. Nosotros le demandamos y él nos responde. Le exigimos y él tiene que proveernos. Esa es la manera como tantos se relacionan con el planeta. Se le considera una fuente inagotable de todo lo que necesitamos con 'la obligación' de dárnoslo.

Sin embargo, el planeta es un ente vivo, magnánimo en lo que nos puede brindar, pero limitado. La explotación inmisericorde de esta casa sideral no puede ser la forma normal de relacionarnos con ella. La Tierra es mi verdadero país. No es la definición geográfica hecha sobre un mapa la que define mi país. Ese es apenas un artificio inventado por nosotros para poder reclamar como nuestro un pedazo de tierra sobre el cual queremos tener completo control, para mantener alejados a los 'Otros' que percibo como enemigos, como invasores.

En este momento histórico, hemos comenzado a caer en la cuenta de que el planeta es nuestro verdadero país, porque cualquier destrucción que causemos en cualquier parte del mismo repercute en muchas otras partes. Esto ocurre tanto a nivel físico como a nivel de nuestras propias estructuras. Si dejamos arder o quemamos un bosque entero, las fuentes de agua de la región se ven afectadas, la erosión controlada por los árboles vivos, ahora muertos, contribuyen a la desertización de una área que antes hervía con vida vegetal, animal, y muy probablemente humana pero que no puede sostenerse sin la protección de dichos bosques quemados.

Cuando aumentamos la temperatura con el calor generado por la industria pesada, por los millones y millones de automóviles que producen monóxido de carbono haciendo irrespirable el aire en las grandes urbes, o afectamos las capas polares causando masivos deshielos; cuando envenenamos el subsuelo con exceso de pesticidas, de herbicidas que se filtran en los alimentos y terminan afectándonos la salud; cuando botamos, enterramos, desparramos, los residuos tóxicos de nuestras fábricas, de nuestros pozos de petróleo; cuando llevamos a cabo todos esos desmanes matamos el subsuelo, lo aniquilamos en su capacidad de producir los alimentos que nos han de mantener vivos.

Cuando lanzamos bombas, cuando inventamos armas químicas, cuando hacemos ensayos nucleares; cuando llevamos a cabo gigantescos proyectos de minería abierta; cuando acabamos con un río utilizando el ácido necesario para procesar el posible oro que contengan sus riberas y sus afluentes; cuando deforestamos a propósito vastas extensiones de la selva amazónica para extraer la madera y crear espacios para la ganadería; cuando por negligencia se producen los derrames de petróleo crudo de los gigantescos buques cisternas en los que caben millones de galones de ellos; en esos momentos causamos la muerte de la flora y fauna de miles de kilómetros de la costa, de las montañas, de los valles, de las planicies y nos quedamos sin un hábitat.

Cuando hacemos todo esto a nivel masivo, a escala planetaria, estamos matando literalmente el único país que tenemos donde vivir, nuestro querido planeta Tierra, nuestra auténtica nave espacial que nos da y proporciona todo lo que necesitamos siempre y cuando lo respetemos, lo cuidemos, mantengamos un equilibrio entre lo que le extraemos y lo que le reponemos. Solo así podremos tener un país-planeta dónde vivir como Humanidad. De lo contrario mataremos la fuente de nuestro sustento, la fuente de nuestra vida cotidiana. Nadie puede explotar un pedazo de tierra inmisericordemente sin devolverle lo que le ha substraído y pretender que ese pedazo de tierra le dará el alimento que requiere por el resto de sus días.

Responsabilidad, respeto y cuidado de ese único país

La Tierra, es definitivamente, nuestro único y verdadero país. Si no lo cuidamos, si no lo protegemos, si no le restauramos lo que le sacamos, estamos cavando nuestra propia tumba como especie. No necesitamos más pruebas científicas de que esto ya está pasando. Basta con abrir los ojos para constatar los impactos que estamos causándole al planeta en todos lados.

Nuestra responsabilidad colectiva, como seres pensantes que somos, como individuos con capacidad analítica, como colectividad que debe asumir su destino evolutivo, nuestra tarea es la de cuidar este terruño planetario que se nos ha dado como especie pensante para su sabia administración, no para su desaforada explotación, que sería en último término nuestra perdición.

Una vez que forcemos al planeta más allá de su capacidad de regeneración, no habrá forma de detener su degradación. Siempre hay un punto crítico más allá del cual no es posible la regeneración de lo destruido. Este punto crítico está llegándole a nuestro querido planeta porque la avaricia, el desmedido afán de querer poseer más, de tener más de miles de cosas inútiles, nos ha llevado a un ritmo de producción y de consumo de lo innecesario como nunca se había experimentado a nivel planetario. Es, pues, el momento histórico necesario para hacer un alto y repensar cuál es el papel que cada uno está llevando a cabo en este proceso. Es el momento de redefinir cuál es mi aporte personal para mantener el planeta en el grado de equilibrio que le permita restaurarse de las heridas que le hemos causado. Esta es la responsabilidad individual y colectiva que tenemos que asumir ahora y que no podemos diferir o trasladar a las nuevas generaciones. El problema ya está acá, nosotros formamos parte del mismo, así como de su solución.

Que mis hijos y mis nietos no tengan que mirar hacia atrás y señalar a nuestra generación como la que pudo haber hecho algo a tiempo para impedir que ésta loca carrera de destrucción del planeta continúe y no lo hicimos por falta de valor, por falta de decisión, por cobardía, por falta de agallas y por falta de responsabilidad.

Capitulo 2

Acerca de mí mismo

Como me percibo en mi individualidad, en mi psicología, en mi corporeidad, es la forma como me trato, me cuido, me estimulo, y constantemente creo mi propia auto-imagen. A través de ella me juzgo, crezco o me disminuyo frente a mí mismo y frente a los demás. Por lo tanto, es necesario escuchar lo que la Vida pueda enseñarnos al respecto.

Nuestro cuerpo: producto de lo que comemos, y del cuidado que le demos

"Tú eres lo que comes", es una frase llena de verdad que oímos con frecuencia pero en la que no reflexionamos lo suficiente para entender la sabiduría que encierra.

Nuestro cuerpo es una maquina maravillosa, un laboratorio químico en constante e infatigable labor de transformar el alimento, la bebida y todo aquello que ingerimos para que nuestro cuerpo pueda mantenerse vivo y en continua renovación. Sabemos por la ciencia que, los componentes básicos de los alimentos son los minerales, las vitaminas, los carbohidratos, las grasas, los azúcares, el agua y la sal que se convierten en los elementos que alimentan, sostienen y desarrollan las células, los órganos, los músculos, los huesos, el sistema endocrino, el sistema circulatorio, el sistema digestivo, el cerebro. (1) Estos componentes son los que nos mantienen vivos y su ausencia nos convierte en seres débiles y enfermizos.

La ciencia nos ha hecho palpable que hay alimentos que, por más sabrosos que puedan ser tales como un jamón serrano añejo, una costilla de res asada al carbón, un salchichón bien sazonado, una paella generosa en camarones y mejillones cocidos al punto, un asado de pollo a la parrilla con olor a salsa de 'Barbecue'; todos ellos contienen grasa (colesterol) que se acumula y cierra las arterias. Cuando ingerimos estos alimentos en forma constante, la acumulación de grasa en las arterias nos produce infartos de miocardio, enfermedades coronarias, angina de pecho, ataques cerebro vasculares y arteriosclerosis. (2)

No estamos negando al buen sabor que estos alimentos tienen, sino afirmando que, si los consumimos una o varias veces a la semana, nos producen los males arriba enunciados. Esto es especialmente verdadero en la edad adulta cuando hacemos menos ejercicio, cuando la preocupación principal es obtener el alimento y techo para la familia y cuando más nos descuidamos en lo que consumimos.

Ni qué hablar de lo que ingerimos que no son alimentos, sino productos químicos por excelencia que la industria del alimento nos ha convencido de que son altamente nutritivos, de excelente calidad y muy buenos para la salud. Los enlatados encabezan la lista de estos supuestos 'alimentos' a los que no se les pone el más mínimo reparo.

¿Cómo son producidos estos enlatados, supuestamente alimenticios, que son tan fáciles de preparar y tan cómodos para su almacenamiento?

Lo primero que hace la industria es diseñar ollas a presión de tal tamaño que puedan cocinar enormes cantidades del alimento que van a enlatar. Campbell de E.U. se ufana en su página web de vender anualmente alrededor de 2 billones de sopas enlatadas, en más de 120 países en el mundo; de ellos cerca de 100 millones son compradas en EU. (3)

Reflexionemos un instante. Para producir tal cantidad de latas de sopas Campbell, la empresa tiene que tener varias fábricas cuya capacidad está en relación al tamaño de las ollas, mejor dicho a las piscinas a presión en las cuales cocinan los alimentos. Mientras más cantidad de sopa por olla se cocine, más rentable es su producción. Mientras más rápido se cuezan los ingredientes, mayor la posibilidad de producir más latas por día. Por lo tanto, cada olla gigantesca la fabrican de manera que aumente el calor a tal punto, que los ingredientes se cocinan en la mitad o en una cuarta parte del tiempo que le tomaría por medios convencionales.

Pero, a mayor temperatura y más aceleración del cocido, tanto más es la destrucción del valor nutritivo de los ingredientes. A altas temperaturas las vitaminas de los alimentos se evaporan literalmente; la consistencia del alimento se altera, el gusto se modifica. Tal es el grado de destrucción del factor nutritivo de los ingredientes, que estas fábricas se han visto obligadas a inyectarles los mismos nutrientes que dicha cocción destruye. Así se ufanan al decirnos que el alimento enlatado ha sido 'fortalecido' con Vitamina A, B y C y con minerales. Lo que no nos dicen es que esas vitaminas y minerales inyectados son producidos químicamente, mientras que los que vienen en los alimentos son naturales y se conservan cuando son cocinados a fuego lento, durante el tiempo adecuado. Tampoco nos aclaran cuánta sal o azúcar le incluyen a cada producto. Campbell tuvo que reducir la cantidad de sal, durante un tiempo, porque se le demostró que las latas de sopa tenían niveles mayores de sal en cada lata que lo una persona debía consumir por día. Esto no le impidió a Campbell que, pasado un tiempo, volviera a subir el nivel de sal.

Como el proceso industrial de producir alimento también destruye el sabor o la apariencia externa del alimento, le añaden colorantes y saborizantes químicos que no los incluyen en la lista de ingredientes del producto. Destrucción literal del alimento, para después 'revivirlo' con saborizantes químicos tales como el glutamato de sodio, que ha sido prohibido porque causa malestares y daños internos. Y finalmente tienen que añadirle al alimento cocido en esta forma, algún componente que actúe como conservante químico, por lo general potasio sorbato, de manera que la vida de almacenamiento de la lata se aumente de seis meses a un año. Esto le da un amplio margen para ser consumida eventualmente por un incauto comprador que no tiene ni idea de que lo que está ingiriendo es básicamente un producto químico artificial, con muy poco valor nutritivo.

Quien ingiere todos los días o en forma regular cualquier clase de comida enlatada, sodas saturadas de azúcar, o consume comida chatarra, se convierte en un basurero que finalmente no puede procesar tanto producto químico artificial y termina con un cuerpo debilitado, envenenado, saturado de agentes foráneos incapaz de procesarlos ni expulsarlos. Así, este consumidor cae fácilmente en estados continuos de malestar, de debilitamiento, y de enfermedad crónica sin darse cuenta que es por el tipo de alimento chatarra que consume.

Comer sanamente consiste en ingerir en todas las comidas, en forma balanceada, frutas, verduras, cereales y proteína vegetal y, cuando no haya de esta, y se requiere alguna proteína animal, que sea carne blanca. Lo que más conviene es dejar a un lado la carne de res y de chancho, y el pescado sin escamas como el tiburón o el rastreador del fondo de los ríos y mares. El langostino o la langosta, puede que sean apetecibles, pero tienen una gran concentración de colesterol, así como las almejas y demás crustáceos.

Quien no aprende esta lección básica de la alimentación se auto-condena a adquirir posiblemente hipertensión, diabetes, sobre peso, pérdida de agilidad física, estado general de salud débil y a exponerse a no poder defenderse de los múltiples microbios propios del ambiente donde se vive.

El cuerpo se convierte en lo que le das como alimento. Si lo alimentas mal, terminas enfermo de cualquier cosa, o de muchas cosas. Si lo alimentas bien, te servirá de apoyo y de vehículo para llevar a cabo todas las metas que te hayas propuesto. Cuídalo, es el vehículo que necesitas para llevar a cabo tus sueños.

Pero no es solo lo que comes lo que determina el estado de salud de tu cuerpo. También hay que mencionar que, en la medida en que consumes estupefacientes o drogas de cualquier clase, en esa medida estas alterando el funcionamiento químico del cerebro y de los demás órganos. Cuanto más fuertes son estas drogas, tanto mayor el daño, a pesar de que te den la sensación de euforia (muy corta), de que te saquen de la penosa realidad del vivir diario, a pesar de que te brinden un escape 'sublime'; terminas pagando un precio más alto que el costo de la droga porque, una vez que destruyas neuronas cerebrales, una vez que dañes órganos vitales con los químicos de esas drogas, ya no habrá forma de recuperarlos. Se dañan y se quedan funcionando mal, a media marcha, dándote una vida miserable empapada en dolor físico, síquico, y emocional.

Igualmente, no es sólo lo que ingieres malo lo que destruye tu cuerpo, está también lo que dejas de hacer por ese cuerpo como es el ejercicio diario. Este renueva la cantidad de oxigeno que la sangre ha de llevar a los órganos para que se reproduzcan las células. Cinco, diez, quince minutos de ejercicio vigoroso mantienen tu cuerpo en excelentes condiciones que te permite llevar a cabo las actividades que tienes pendiente, estar alerta en el trabajo y concentrado en el estudio. "Mens sana in corpore sano" dice el adagio latino. No sin fundamento, pues precisamente el ejercicio es uno de los medios más eficaces para mantener el cuerpo sano, y la mente despejada.

Creencia popular: Consumir alcohol con moderación es bueno para la salud

Los efectos inmediatos del alcohol son la liviandad, la evasión, la distensión, la despreocupación agradable, pero, a la vez, el alcohol disminuye la atención, la concentración; la capacidad para razonar, para hacer juicios atinados; altera la forma de pensar, de hablar y caminar. El que se embriaga termina diciendo palabras y frases que quisiera no haber dicho, pero después será muy tarde porque no las puede recuperar. Lo peor, es que será muy difícil sanar el impacto negativo en aquel a quien haya insultado o herido mientras estaba ebrio. A mayor cantidad de alcohol consumido mayor el estupor hasta el punto de que el individuo no sabrá lo que dijo, ni lo que hizo. No lo recordará al día siguiente, por más vergonzoso que haya sido lo dicho o hecho.

Lo malo del alcohol no es el malestar temporal de la resaca. Lo peor es cuanto la persona se siente impulsada a beber, sin poder controlarse, para manejar cualquier tensión en el trabajo, en las relaciones con la pareja, o con los hijos.

Cuando el alcohol llega a ser una necesidad para obviar la realidad, para no afrontarla con cabeza fría y con plena consciencia, es cuando la persona está presa de sus tentáculos y cuando más le cuesta dejarlo porque ya es parte de la vida diaria y del 'manejo' de los problemas.

El alcohol tomado en 'forma esporádica' es el argumento de quienes toman en forma continua y no se dan cuenta. Ya son bebedores sociales y el alcohol forma parte de su estilo de vida. No tienen intención de dejarlo porque se identificaron con él, llegó a ser una expresión de su yo-interno, a tal punto que sin su consumo, no se puede expresar 'auténticamente'.

Quien beba porque cree que así afronta mejor los obstáculos de la Vida ya cayó presa del alcohol porque sin beber no se siente capaz de tomar decisiones, de afrontar los problemas. Termina solucionándolos mal, porque quien bebe no puede hacer juicios correctos, ponderados, maduros; juicios que puedan anticipar consecuencias graves o negativas.

Si necesitas del trago para afrontar los problemas livianos o los problemas graves que te presenta la vida, no lo consumas. Más vale afrontar lo que venga con la cabeza clara y funcionando, que vivir y decidir en las tinieblas de una mente que no puede funcionar bien porque los vapores del alcohol se lo impiden.

Haz la prueba: si no puedes dejar de beber durante un mes, cuando estás solo o con los amigos, es que ya dependes del trago para 'pasarla bien', para estar en la onda, para ser aceptado por el grupo, o para manejar los problemas diarios. Si puedes abstenerte un mes sin beber nada de alcohol, puedes vivir el resto de tus días sin tener que depender del mismo para tomar las decisiones importantes de tu vida.

Soy naturalmente multimillonario

¡Cómo es de común escuchar personas quejándose todos los días, por cualquier cosa que les pasa, por todas las cosas que le pasan! Son un quejido ambulante y, según su manera de ver el mundo y la vida, es un desagraciado, un desafortunado, una víctima de todo lo malo que le pueda pasar. La mayor parte de su desgracia la atribuyen a que son pobres, a que no tienen lo suficiente, a que no les alcanza para nada el dinero, a que les hace falta esto y aquello para sentirse ricos. Convivir con este tipo de individuos es verdaderamente extenuante, pues su pesimismo termina agotándonos.

Lo más triste es que estos individuos no se han detenido un momento para analizar e inventariar cuán bendecidos son con lo que tienen, por lo que poseen, y no aprecian que son millonarios porque no lo saben. Veamos la composición física de nuestro cuerpo que la damos por sentado, pero no nos percatamos de que somos millonarios de la existencia por el sólo hecho de tener un cuerpo que funciona.

- Tengo trillones de células que se renuevan cada mes, sin tener que preocuparme.

- Tengo trillones de neuronas cerebrales que conciben, piensan, ordenan, organizan, deducen, preguntan, conceptualizan, indagan, responden; crean ideas, símbolos, diseños, imágenes. Neuronas que me permiten escribir poemas, ensayos, libros, palabras de amor y oraciones de rabia; reclamar derechos, aceptar responsabilidades.

- Tengo una mente que no deja de procesar emociones, organizar estímulos, clasificar conceptos, analizar ideas; crear pensamientos e imágenes un solo instante, aun cuando esté dormido.

- Tengo un sistema nervioso acoplado al cerebro que es una verdadera fábrica bio-eléctrica que manda el día entero, los meses y los años, incontables pulsaciones que se convierten en funciones de los músculos, de los huesos, de las células, de las cuales no tengo que preocuparme un solo instante para que lleven a cabo sus funciones, que me mantienen alerta y vivo.

- Tengo un sistema respiratorio que inspira el aire, lo procesa, extrae el oxígeno en miles de miles de cavidades de los pulmones, y lo introduce en la sangre para que esta lo reparta por todos los órganos.

- Tengo kilómetros de arterias, venas y venitas, que estiradas darían la vuelta a la Tierra, por las cuales recorre la sangre cargada con los nutrientes que todo el cuerpo necesita todo el día, toda la noche, las 24 horas dándole a cada órgano, a cada célula lo que requieren para seguir haciendo lo que tienen que hacer.

- Tengo un sistema digestivo a prueba de casi toda la basura que le obligo a recibir cuando ingiero comida chatarra, alimentos callejeros mal preparados sin control higiénico, y comidas rápidas llenas de grasa. Sin embargo, ese sistema digestivo abusado sigue descomponiendo y disolviendo los alimentos hasta dejarlos asimilables por las células de los órganos a donde llegan transportados por la sangre. El proceso lo continúa haciendo mientras el cuerpo no se haya enfermado con tanto abuso.

- Tengo un ejército de combatientes dispuestos a defenderme de inmediato cuando parásitos, bacterias o un batallón de virus entran en mi organismo con la intención de crear el caos, la confusión, la enfermedad y aun la muerte.

- Tengo una gama imparable de sensaciones, de emociones, de sentimientos que día a día manifiesto con pasión, con mesura, con disimulo, con fascinación, con holgura, con rabia, con placer. Estos me dejan apreciar lo bello, lo feo; lo malo, lo bueno; lo agradable, lo desagradable; lo importante, lo banal; lo aceptable, lo rechazable; lo justo, lo injusto; me dejan explorar lo mejor de mí mismo, lo peor de mí mismo; me dejan expresar el santo que soy, el demonio que me manifiesto; me dan la dimensión de grandeza y nobleza, así como muestran lo más refinado de mi egoísmo.

- Soy el más afortunado porque siendo uno de los 7 billones de personas en el mundo, soy Único e irrepetible, individual y original que no tendrá otro igual con el cual rivalizar para ser diferente.

- Pero, por encima de ser millonario por todo lo que he recibido corporalmente y mentalmente, tengo en el medio de mi ser, el sello inconfundible de 'la imagen y semejanza' divina, del Dios Creador que me dio este regalo por pura gratuidad y sin ningún mérito de mi parte.

- No hay un ser más millonario en todo el Universo, que aquel al que el mismo Creador le ha puesto la impronta de su Esencia con la sola Intención de compartir con él, o sea conmigo, contigo, la inagotable gratuidad del Amor que no mide cuando da.

Millonario sin saberlo, millonario sin apreciarlo, millonario perdiendo todos los días esta increíble dimensión de la Vida por andar quejándose de lo que no tiene, sin apreciar, ni agradecer, ni disfrutar de todo lo que tiene.

La Creatividad, semejanza divina

Dios, en nuestro limitado entender, y por medio de las múltiples Revelaciones recibidas, nos dice que Él crea continuamente de la 'nada'; es decir, crea con solo concebirlo. Él, como Fuente de la Creación, tiene en Si mismo 'la potencialidad, la energía, la intencionalidad, el diseño, el poder, la voluntad, y el conocimiento' necesarios para que las cosas materiales sean, se manifiesten en el tiempo y espacio por el solo hecho de pensarlas, de idearlas, de imaginarlas, de desearlas. Estas simplemente devienen, comienzan a ser, se manifiestan existentes en nuestra dimensión espacio-temporal.

El Atributo que mejor expresa nuestra 'imagen y semejanza' con Dios, es sin duda, nuestra capacidad creativa. De la 'nada' imaginamos algo, lo concebimos como una idea, la plasmamos en una imagen mental o dibujada, la convertimos en un concepto que diseñamos, y utilizando los materiales apropiados creamos algo inexistente que nació en nuestra mente. Lo hicimos realidad concreta, gracias a nuestra capacidad de modificar las materias primas que la Naturaleza nos ofrece, y el utilizar los instrumentos que hemos creado con el mismo proceso.

Si en algo podemos afirmar que somos 'como dios' es precisamente en esta insondable y maravillosa capacidad creativa que desde el primer momento que comenzó a hacerse patente en la historia de la humanidad, no ha cesado un solo momento de crear, de modificar, de diseñar, de producir lo que no existía antes. Es así como tenemos hoy día, rascacielos que tocan las nubes, puentes que unen los espacios, túneles que perforan las montañas y el subsuelo, trenes de alta velocidad que devoran kilómetros a velocidades insospechadas, aviones que rompen la barrera del sonido, cohetes que transportan osados astronautas, naves espaciales que llevan robots a otros planetas, telescopios espaciales que desentrañan las profundidades del espacio, máquinas del hogar que llevan a cabo innumerables tareas domésticas; aparatos para medir, escudriñar y analizar los órganos internos del paciente identificando tumores, células cancerosas, malformaciones y mal funcionamiento de órganos.

Si nos deslumbramos ante estos inventos, no menos quedamos extasiados ante los cuadros de Rembrandt, de Miguel Ángel, de Da Vinci, del Giotto, y sobrecogidos ante la fuerza pictórica de Picasso, de Goya, o de los mundos etéreos y mágicos de Dalí. Reconocemos la deslumbrante expresión de una vasija griega pintada con exquisita delicadeza, y nos deleitamos con la armonía de la prosa de una pieza de teatro de García Lorca, y las ritmas de Rubén Darío. Nos sentimos arrebatados por la fuerza de la notas de Wagner, embelesados visualmente con el ballet del cisne de Tchaikovski, así como sentimos que nos deslizarnos por la pista de baile al arrullo de un Vals de Strauss. Nos embruja el intricado diseño de un huevo de Fabergé, como la talla minuciosa de un biombo hindú y nos quedamos arrobados ante la belleza espiritual que inspira el Templo Bahá'i en Nueva Delhi o la mezquita musulmana Sofía en Estambul.

Mi Mente: fuente de creación

¿En dónde reside esa creatividad?

En mi cerebro y, dentro de este, en mi Mente. El primero le da el soporte biológico para que todas las funciones de la Mente se manifiesten. El cerebelo se encarga permanentemente de todas mis funciones automáticas, de manera que no tengo que preocuparme un solo momento de que mi corazón bombee sangre el día entero a todas las células, que mis pulmones atrapen el oxigeno del aire y lo lleven a todos los órganos, que mi sistema digestivo transforme los alimentos en nutrientes para puedan ser llevados a las células de todos los órganos, que mi hígado produzca bilis y el riñón extraiga el acido úrico. Todo esto lo lleva a cabo mi cerebelo automático con precisión extraordinaria, lo que me permite dedicarme y concentrarme en la producción de mis ideas, en el procesamiento de mis sentimientos y emociones.

La Mente creativa, por su lado, produce 10.000 y más ideas-imágenes diarias, que no cesan de *materializarse* en el espacio virtual de mis sinapsis neuronales, haciéndome el creador por excelencia. Esta mente es la que interpreta las sensaciones recibidas a través de mis órganos sensoriales receptores, para afirmar que hay una realidad allá fuera de mí, objetiva, mensurable, palpable, analizable. No solo interpreta los estímulos físicos, sino que también recibe e interpreta los impactos emocionales, las sensaciones profundas de tristeza, miedo, alegría, euforia, angustia, esperanza, timidez, intrepidez, vergüenza, deleite, compasión, odio, perdón, venganza...

Esta es la dimensión que me hace auténticamente hombre, que me separa como un irrepetible dentro del consorcio de todo lo creado, y me hace adquirir una autoestima agradecida por haber sido diseñado de esta forma. Esta es la dimensión que me marca como humano, con toda mi grandeza y mi miseria. Esta capacidad es la que me inserta en la corriente de todos los hombres que han sido, que son y que serán. Esta es la inserción en la corriente del desarrollo de la humanidad. Por este don incalculable en bendiciones, siento a diario la necesidad de Agradecer al Creador que me haya concebido con tal grandeza y con tanta *semejanza* a su Esencia Creadora.

Mi Consciencia y Autoconsciencia: la identidad de quien soy

Saberme existente es un hecho irrefutable. Nadie me tiene que probar que existo. Es una evidencia inmediata en mi consciencia, en mi intimidad reflexiva. No necesito pruebas, porque es un hecho existencial que a diario experimento en forma irrefutable. Porque existo, pienso; porque pienso, existo.

¿Dónde reside en mí esta experiencia vital de quién soy? En mi consciencia. En aquella escondida, elusiva e invisible realidad de que, soy consciente de que soy consciente. Es mi acto reflejo de mayor profundidad, porque es allí donde me defino como ser humano, en esta incomparable presencia de estar presente a mi mismo en forma inmediata, sin intermediarios, sin estímulos externos. Es un percibirme siendo, existiendo en el momento presente.

Esto me permite saberme creado, pues no tengo que esforzarme mentalmente ni existencialmente por reconocer que yo no me he dado la existencia. Esta me fue otorgada como regalo, como dádiva, como el más puro acto de Amor. Existencia que además tiene el poder y la capacidad de hacer el milagro constante de continuar la especie humana, a través de mi capacidad reproductora, regalo adicional del Creador.

Regalo gratuito, porque no hice mérito alguno para recibirlo. Simplemente fue el acto generoso del Creador que desde su insondable Eternidad, me eligió, como ha elegido a cada uno, para que existamos y seamos, para que comencemos la etapa espacio-temporal haciendo el camino del desarrollo interior para ir asemejándonos a Quien nos hizo.

Saberme testigo de lo que me ocurre, testigo de lo que pasa dentro de mí, testigo de mis propia presencia, es un don que no tiene precio, que no tiene comparación. Es la medida que me permite convertirme en el autor de mi propia existencia, en el diseñador de mi propia realidad, cuando la asumo con todas sus consecuencias y con la responsabilidad de mis actos.

Soy un espíritu encarnado

No necesito prueba de que estoy de paso en la espacio temporalidad. Basta con oír un noticiero diario, ver la prensa, poner atención a los comentarios de los amigos y de los vecinos para darse uno cuenta de que, todos los días, alguien muere en alguna parte del planeta, sea por causas naturales, por enfermedad, por mano de otro, sea por comportamientos descabellados o peligrosos. Es un hecho tan común que ni atención seria le ponernos cuando oímos que 40-50 personas murieron en una explosión en un sitio público por alguien que se inmoló en nombre de su religión, convencido que con esa acción se ganó automáticamente la entrada a su cielo-recompensa.

Fuera de esta consciencia palpable de que estoy en la temporalidad, hay algo más profundo que dicha percepción superficial. Es la capacidad para descubrirme que soy una consciencia presente en el tiempo y en el espacio, no restringida ni por lo uno ni por lo otro.

Tengo intuición de que la perfección y el soberbio diseño de quien soy por dentro no es creatividad mía. Es el regalo de la Vida por excelencia. Pero ese regalo es personal, dado por Aquel a quien intuyo como el Creador de todo lo que es. Yo, como ente único e irrepetible, me siento moldeado en la Existencia por este Ser Creador que me ha regalado la Existencia, para descubrir que estoy amasado con un cuerpo que, a la vez, está intrínsecamente amalgamado con un Espíritu que le da Vida a todo lo que pienso, a todo lo que creo, a todo lo que descubro, a todo lo que imagino. Me percibo y me siento espíritu encarnado, haciendo una peregrinación temporal para descubrir la raíz de mi propia *criaturalidad*, de mi propia esencia espiritual.

Este descubrimiento es el que le da pleno sentido a mi Existir pues me brinda esa dimensión de trascendencia que no solo intuyo que poseo, sino que añoro descubrirla, vivenciarla, experimentarla a fondo, como la última y primera razón de mi Existir.

Es en esta dimensión encuentro la plenitud de mi Existencia, pues al descubrirme Espíritu encarnado, viviendo una experiencia temporal, descubro a la vez, que esta temporalidad es pasajera, transitoria, antesala de otras dimensiones de Existencia, que he de experimentar una vez que haga la transición de mi cuerpo a mi consciencia en el acto de trascenderme en ese cambio de ser que tan mal llamamos 'muerte'. Muerte es sinónimo de término, de finalidad sin horizonte, de disolución. Para mí es apenas el paso necesario, imperioso, que todos hemos de dar, si queremos trascender los limites de esta espacio-temporalidad. Antes de temerle, antes que huirle, ese paso lo abrazo conscientemente porque he aceptado la finalidad de esta experiencia espacio-temporal y porque me he preparado para dar el paso siguiente a la experiencia de la no-espacio-temporalidad. Ese es el paso siguiente de mi evolución interior que todos hemos de dar, independientemente del grado de consciencia que se tenga del mismo.

Sana el Pasado; vive el Presente en libertad, y el Futuro como posibilidad

Esta frase-lección suena fácil de decir, tiene ritmo, y hasta logra suscitar una imagen inmediata en quien la lee o la oye. Pero es una frase que encierra un verdadero mundo de verdades vitales para poder entender cómo el pasado debe ser sanado si se quiere vivir un presente libre de las cadenas de ese pasado, y un futuro que este abierto a todas las posibilidades de mi propia creación.

Para entender el alcance de la frase es necesario que la desglosemos cada uno de sus componentes.

Sanando el Pasado

Quiénes somos hoy, nuestra personalidad, nuestra percepción del mundo, nuestro modo de relacionarnos con los demás, es el producto de las experiencias vividas en la infancia, en la niñez, en la adolescencia y aun en las tempranas etapas de la juventud.

Hay experiencias que vivimos en esas etapas que nos marcan para siempre, que moldean nuestra visión de los demás, nuestras relaciones sociales, nuestras aptitudes para el trabajo, nuestro empuje para tener éxito en lo que emprendemos, nuestras metas, nuestro entusiasmo por la vida, nuestros temores, nuestras debilidades, nuestras indecisiones, nuestras limitaciones.

¿Qué clase de experiencias son estas?

Son muchas y muy variadas, pues las circunstancias que la vida ofrece son muy diferentes dependiendo del sitio, la cultura y el momento histórico que nos toca experimentar y vivir. Sin embargo, hay algunas experiencias que son bastante generales y comunes que sabemos hoy día que son decisivas para moldear quienes somos ahora.

Recordemos algunas particularmente dramáticas:

La vivencia del abuso sexual de un niño o niña por parte de un hermano, un padre, un tío, un profesor, un amigo en quien confiaba. El perpetrador amenaza al niño con hacerle daño, incluso matarlo, si cuenta lo que pasó, especialmente si le dice algo a sus padres. El terror es tal, que en efecto no dice nada a nadie y se guarda la experiencia como una pesadilla de la cual no puede despertar.

Está la vivencia de un padre que llega borracho frecuentemente, demandando de la madre atención especial, gritando a todos por cualquier cosa que le molesta, pegándole e insultando a la mamá o a los hijos por cualquier tontería que lo irrita, y maltratando especialmente al hijo que intenta defenderla.

Está la vivencia de haber testimoniado la violación de una hermana, de una madre, de una amiga por parte de una banda de muchachos que, borrachos o bajo los efectos de la droga, no escuchan los gritos de súplica de la muchacha para que no le hagan daño. Después de que todos la han violado, el más vicioso de ellos amenaza al chico, sin dejar duda de ello, que no se atreva a decir una sola palabra porque de lo contrario lo matan después.

Está la vivencia de una madre borracha o drogadicta que olvida darles de comer a los niños, bañarlos, vestirlos, enviarlos al colegio porque su mente está perdida en la bruma de su intoxicación.

Está la vivencia de haber presenciado la golpiza a un anciano mientras lo roban en una calle del barrio donde vive; pero siendo tan joven no se atreve a decir nada, no interviene, no le cuenta nada a nadie, y al día siguiente se entera que el anciano murió por la golpiza.

Otras vivencias menos dramáticas, más comunes, pero no menos impactantes son tales como:

El haber sido sometido a continuos regaños y humillaciones en público, en el colegio, en el barrio, y aun frente a los familiares.

La vivencia de haber sido víctima de los matones del colegio, o los del barrio quienes le propinaron golpes, moretones y magulladuras haciéndole sentir débil e impotente.

La vivencia del chico débil que no tiene habilidad para el deporte y por lo cual los muchachos del colegio se burlan de él y no le permiten jugar.

La vivencia de haber sido sometido a castigos injustos en el colegio, en el trabajo, en la iglesia. Castigos infligidos en privado, sin que nadie se haya enterado, o castigos públicos en los cuales todos los han testimoniado, algunos se burlaron de él, pero nadie lo defendió.

¿Qué efecto tienen estas vivencias en la formación presente de la personalidad, de la psicología propia del individuo, de su carácter, de su manera de comportarse?

No es raro, pues, que el niño o niña que ha experimentado este maltrato y humillación desarrolle un rechazo a la autoridad que se manifestará, de joven o adulto, con una actitud de resistencia pasiva, con una guerra silenciosa de oposición a quien represente la autoridad, por el solo hecho de que esa persona la ostenta.

Cuando el joven entable una relación de pareja puede ocurrir que desplace el rechazo a la autoridad manifestándolo en contra de su compañera porque ella, inconscientemente, le recuerda la mamá que le exigió exasperantemente que hiciera esto o aquello; cosas que para el muchacho en su momento no eran importantes, pero que tuvo que hacerlas porque su madre se lo ordenó.

El mismo sentimiento de rebeldía y resistencia se desarrollará en contra de la figura de autoridad cuando esté vinculada a posiciones que le permiten el abuso de dicha autoridad. Es el caso del trabajo forzado, casi en condiciones de esclavitud, cuando se obliga al obrero a obedecer con golpes, sobrecargado de horas de trabajo, sin descanso suficiente, sin subsidio para el transporte, sin facilidades para obtener el alimento.

Otra reacción típica posterior es la baja estima que el individuo puede desarrollar, en la medida en que las vivencias de abuso quebraron el aprecio de sí mismo hasta convencerlo de que él no tiene valor como persona, que se merece el oprobio, que no tiene derecho de protestar ni de exponer su posición. Él se ve como víctima, actúa como víctima, y proyecta su personalidad como víctima. Por ende atrae un tratamiento de víctima.

Todos somos en el presente el producto de esas vivencias fuertes, traumáticas que vivimos en nuestra infancia, niñez y adolescencia. El problema es que la mayoría de nosotros *no somos conscientes* de que dichas vivencias del pasado son las que han moldeado y definido nuestra personalidad actual.

La mayoría de las veces es porque estas experiencias se quedan sepultadas en nuestro inconsciente. Es como vivir en la oscuridad, sin saber que se está viviendo en la oscuridad porque no se es consciente de que esa oscuridad existe. Un primer paso de liberación es admitir que no estoy exento de esta ley de la Vida. Soy quien soy, porque soy el producto de las vivencias de mi infancia, de mi niñez, de mi adolescencia.

¿Qué debo hacer para neutralizar, para cambiar el impacto de esas vivencias de la infancia, niñez o adolescencia, de manera que no determinen y definan mi manera de ser en el presente?

Lo primero que tengo que hacer es traer al recuerdo, sacar del archivo de mis memorias, ese incidente, esa vivencia, o esos momentos que definitivamente impactaron mi manera de ver la realidad, y a mí mismo. El segundo paso es admitir, muy conscientemente, que dichas experiencias, de hecho, me impactaron y formaron mi carácter, mi genio, mi personalidad y que para poder entender por qué soy como soy, por qué pienso y me comporto como lo hago debo hacer el ejercicio, la indagación y el trabajo de traer a mi campo de consciencia dichas experiencias impactantes.

El problema inmediato que tiene cualquiera que quiera hacer este ejercicio de introspección es que, por lo general, ese trabajo de recordatorio no lo logra hacer uno solo. Los recuerdos de ese pasado son muy dolorosos. Las defensas que hemos construido para bloquear esos recuerdos son muy fuertes y muy altas. No queremos investigar ese pasado por temor a lo que vamos a encontrar. No queremos remover piezas de ese pasado porque nos vamos a encontrar con recuerdos dolorosos que creíamos haber olvidado, o enterrado para siempre.

Pero sin hacer esa indagación, no podemos saber con claridad por qué actuamos como actuamos hoy día y cuál fue el incidente que lo originó. Sin conocer ese incidente, sin hacer subir a la memoria esos recuerdos del pasado, no podemos entender por qué nos comportamos como lo hacemos. Al menos que traigamos esos recuerdos a la memoria y los procesemos, seguirán moldeándonos y dirigiendo nuestros pasos y decisiones del presente.

Viviendo el Presente

Si el presente se vive con las interpretaciones de lo que he vivido en el pasado, entonces no estoy viviendo el presente con las oportunidades que me ofrece pues lo estoy viendo bajo el lente de ese pasado. Si ese pasado fue traumático, estaré viviendo el presente bajo la óptica, bajo el influjo de dicho trauma. Estaré re-actuando, filtrando las experiencias del presente a través del prisma del pasado. La historia que me conté para defenderme de ese momento traumático es la historia que uso en mi presente. Por lo tanto se puede decir, sin dudar, que de acuerdo a la historia que armé, voy a interpretar el presente y vivirlo de acuerdo a dicha interpretación.

Un ejemplo basta. Me descubro que soy indeciso, que no tengo seguridad en mi mismo para decidir qué hacer. Todo lo juzgo bajo la óptica de lo malo que puede ocurrir, no de la oportunidad que se me presenta en este momento. Una introspección seria me permite recordar que tanto en mi casa como en el colegio me decían con frecuencia que yo no era capaz de hacer nada bien, que no tenía cabeza para tomar decisiones, que era un inútil, que no iba a poder triunfar en la vida por mi indecisión. De tanto oírlo me convencí que yo no tenía capacidad para tomar decisiones y por lo tanto decidí evitar toda situación que se me presentara y me exigiera tomar decisiones importantes para no tener que confirmar, una vez más, que lo que me habían dicho de pequeño era verdad. Desarrollé lo que pudiera llamarse la 'personalidad escurridiza', o sea, el que evade tomar decisiones para evitar el tener que asumir la responsabilidad que estas conllevan.

Cuando nos ocurren esas vivencias traumáticas de nuestra niñez armamos toda una historia a partir de una vivencia específica. La historia se convierte muy pronto en la verdad de lo que ocurrió, y substituye lo ocurrido, a tal punto que cuando me preguntan los detalles de cuándo ocurrió, en qué ciudad ocurrió, a qué horas del día pasó, quién más estaba allí, en qué sitio de la casa o fuera de ella transcurrió el evento, no puedo acordarme dónde ocurrió el hecho, qué día fue, en qué año; solo tengo imágenes borrosas. Lo que si tengo claro, clarísimo es la historia que construí alrededor de lo ocurrido. En otras palabras, la interpretación de lo ocurrido, la historia que elaboré de lo que me pasó es más verdadera que los hechos ocurridos, de los cuales apenas si tengo vagos recuerdos. Las interpretaciones negativas más comunes es decirnos a nosotros mismos y quedar absolutamente convencidos que 'no me quieren', que 'no valgo nada, que 'me rechazan quienes supuestamente me deben querer'.

Para entender a profundidad el razonamiento que vengo haciendo es necesario analizar el poder de la palabra que nosotros los humanos tenemos y por medio de la cual constantemente estamos interpretando la realidad que ocurre 'allá afuera de nosotros', las experiencias impactantes que vivimos, las sensaciones y emociones que nos sacuden profundamente.

La palabra del hombre no es el simple producto de unos sonidos que se emiten con el aparato vocal. Este aparato es apenas el vehículo por medio del cual las palabras son emitidas para que otros las oigan. La palabra es el medio por el cual, nosotros los hombres, definimos la realidad, le damos nombres a las cosas, afirmamos sus cualidades, describimos su uso, articulamos los pensamientos que tenemos dentro de nuestra mente. Por eso mismo puede haber tantas interpretaciones diferentes de la misma realidad dependiendo de cuántas diferentes personas la describen. Lo que la hace 'objetiva' es la coincidencia de interpretaciones similares. Así, si varios decimos al mismo tiempo o separadamente que aquello que estamos viendo es un carro Ford último modelo, color rojo encendido podemos concluir que ese objeto que acabamos de describir es la realidad 'objetiva' de un carro Ford, rojo, último modelo.

Igualmente ocurre con los sentimientos, con las emociones. Frente a un mismo atardecer repleto de varios colores, de varias figuras en las nubes, y lleno de resplandores secundarios varios espectadores expresarán la sensación que experimentan en ese momento usando diferentes palabras tales como: "Este atardecer parece un arcoíris mágico"; "Este atardecer es una explosión de color imposible de reproducir"; "Este atardecer me ha conmovido profundamente, me ha hecho sentir delante del Creador del Universo que nos deleita con un espectáculo de belleza que refleja su propia Belleza".

Todas las palabras y expresiones de emociones que el atardecer ha suscitado son correctas y valederas. Lo importante por anotar es que las palabras son las que dieron realidad a cómo, cada uno, experimentó dicho atardecer. Las palabras en sí no son el atardecer que estaban viendo. Son el vehículo que le permitió a cada uno expresar cómo experimentaba en ese momento dicho atardecer. Cada uno tenía en su poder la habilidad de poner sentimientos en palabras. Y aunque hubo diferencias en la interpretación del mismo atardecer, es así como probablemente se le quedó a cada uno grabado en la memoria y esa será la imagen que tendrá cuando en el futuro se acuerde de un bello atardecer.

La elección pues, de las palabras que se escojan para describir el atardecer son prerrogativa, están en poder de quien las seleccione, y lo hará dependiendo del nivel de conocimiento o de consciencia que tenga de lo que dichas palabras signifiquen. Pero, independientemente de las palabras que escoja, estas son las que para él o ella, describen apropiadamente ese atardecer.

Las historias que nos contamos de las experiencias vividas lo hacemos con las palabras que conocemos. Con estas armamos, organizamos y racionalizamos las experiencias del pasado de manera que podamos asimilarlas y neutralizar el efecto que podría tener en el presente. Lo hacemos aun cuando la elección de dichas palabras armen una historia que es la interpretación de lo ocurrido, muchas veces diferente de lo ocurrido, pero expresado así porque esa es la forma de encontrarle sentido a la experiencia y de controlar el impacto negativo que pueda tener en mí.

Sin esta consciencia de este poder, el hombre queda encerrado en la primera versión que hizo de lo que le ocurrió cuando eligió las palabras (la mayoría de las veces en forma inconsciente) para interpretar lo que le pasó. En esa interpretación usó unas determinadas palabras que le dieron significado a lo vivido. Así, por ejemplo se dijo a sí mismo: "No valgo nada, no me quieren, no soy digno de que me acojan, no tengo cómo salirme de esta trampa, no tengo libertad para escoger otro camino". Cualquiera que fueron las palabras escogidas, estas definieron la interpretación negativa de lo que le ocurrió.

Igualmente, el individuo pudo haber escogido otra serie de palabras positivas para definir el sentido del trauma vivido, como por ejemplo: "De la que me salvé si sigo en esa relación. Yo sé lo que valgo, independientemente de lo que piensen los demás. No tengo por qué juzgar lo que me ha ocurrido como si fuera una tragedia. Acabo de aprender algo sobre mí mismo que de otra manera no lo hubiera podido haber hecho. Yo soy el que determino cuánto voy a dejar que este incidente me afecte".

El hombre es la única criatura que tiene la libertad para escoger las palabras con las cuales describe, consigna, afirma algo sobre la realidad que vive, las experiencias que pasa, los eventos que participa, las tensiones que experimenta, las alegrías que lo embargan. Esto quiere decir que el hombre y la mujer tienen la capacidad para elegir cuál es la versión de lo que le ha ocurrido la que quiere adoptar como la verdad de lo ocurrido para vivir con ella el resto de la vida.

Cuando caemos en la cuenta de que el presente se puede vivir sin que sea una repetición del pasado, es cuando comenzamos a entender el poder de la palabra liberadora, el poder de cambiar la historia que he hecho de algún evento traumático del pasado para que este no sea quien rija la forma como vivo el presente. El presente se vive repitiendo el pasado mientras los traumas que definieron mi personalidad sean los que siguen rigiendo mi personalidad en el presente.

¿Cómo podemos cambiar el presente cuando tenemos el lastre, el peso del pasado que nos ha definido?

Caer en cuenta de que nuestras palabras definen la realidad que vivimos, es caer en cuenta de que nosotros podemos cambiar la interpretación que hemos hecho de la realidad vivida en el pasado. Podemos modificar la percepción que tenemos de lo vivido porque podemos hacer una nueva interpretación. Lo podemos hacer porque controlamos las palabras, el lenguaje que nos permite hacer dichas interpretaciones.

Por lo tanto, cada uno puede cambiar el impacto de alguna vivencia traumática del pasado haciendo una nueva interpretación de lo ocurrido, por medio de la palabra creativa que le dará un nuevo significado, una nueva interpretación a lo vivido. Cuando esto se hace conscientemente, el poder de dicha palabra es tal, que de ahí para adelante, se puede vivir ese pasado desde una óptica nueva, totalmente diferente a como se experimentó la primera vez, cambiando radicalmente el impacto traumático que tuvo esa vez por el impacto positivo que uno decida darle a dicha experiencia.

Tomemos el caso más dramático, la niña violada por su padre o por un pariente cercano. En la mayoría de los casos esta niña hace una interpretación de lo ocurrido contándose a sí misma una historia que puede sonar así, "Yo no valgo nada. Las personas en las que confiaba se aprovechan de mí. Debe ser que yo no me merezco su cariño ni su respeto. Ellos además son la autoridad. ¿Cómo puedo yo desafiar su autoridad, si no valgo nada, si no me quieren? Ellos, con la autoridad y fuerza que tienen, me pueden hacer daño y por lo tanto no voy a hacer nada, ni a decir nada, pues no quiero que me hagan más daño o peor que me maten"

Cuando ella se dé cuenta más tarde que esta es la historia que ella ha creado, y al mismo tiempo tome consciencia del poder que tiene su palabra, ella puede cambiar la historia para que diga algo parecido a, "Lo que me ocurrió fue algo inaceptable. Mi padre, mis parientes nunca debieron hacer lo que me hicieron. Pero lo hicieron y me maltrataron de una manera que ninguno podrá jamás experimentarlo al menos que lo hayan sufrido en carne propia. Pero eso es el pasado. Eso fue lo que me ocurrió. Yo tengo ahora el poder cambiar el impacto que esa violación tuvo en mí. Lo que aprendí de esa vivencia traumática es que la ingenuidad, la inocencia de un niño es sagrada. Nadie tiene permiso para mancillarla, para quebrarla. Quien lo haga, la Vida se encargará de cobrarle su acto. La Justicia siempre le llega a cada uno, no importa cuán tarde llegue, llegará. No guardaré más rencor hacia los que me hicieron daño. No seguiré atada a ellos emocionalmente. Más bien canalizaré toda esa energía para trabajar en una organización que defienda a las niñas de estas situaciones y les ayude a superar el trauma lo más pronto posible para que no tengan que sufrir lo que yo he sufrido y puedan liberarse del impacto lo más jóvenes posible."

El presente es hermoso porque está abierto a todas las posibilidades. Pero no puede estar abierto a ninguna si no lo vivo, si no lo experimento a partir de la libertad que me libera de las ataduras del pasado. Si no me desligo de ese peso del pasado tan solo vivo el presente con el trauma del pasado, no con la libertad que me da el haberlo dejado en el pasado donde debe quedarse. El presente es presente cuando lo puedo beber, experimentar como presente, sin las cortapisas del pasado, sin la interpretación negativa que he hecho del mismo. No puedo gozar de un presente cuando tengo la sombra oscura del pasado que lo ennegrece. La libertad del presente y su goce se consigue cuando me he liberado del trauma, del mal recuerdo, de los fantasmas del pasado.

Creando el Futuro

La base de cómo se ha de vivir el futuro se da en quién soy yo en el presente. Pero si mi personalidad todavía sigue alimentándose y viviendo de las situaciones traumáticas de la infancia, de la niñez y adolescencia, lo más predecible es que ese futuro estará determinado por la personalidad con que vivo el presente, pero que sigue anclada en el pasado. Lo más probable es que el futuro que sueñe, que realice, que lleve a cabo no será otra cosa que una réplica de cómo vivo en el presente, que a su vez está determinado por el pasado.

Si nada se cambia de cómo vivo el presente, y este presente es el producto del pasado, pues es casi seguro que el futuro que he de vivir será igual, parecido o semejante al presente que vivo ahora, pues estaré llevándome al futuro la misma persona, la misma individualidad, la misma personalidad traumatizada que tengo ahora.

El futuro en cuanto tal es incognoscible, pero podemos aprehenderlo mejor cuando distinguimos entre el futuro inmediato, el futuro próximo, y el futuro lejano. El futuro inmediato es el que más fácil nos queda vislumbrar con algún nivel de confianza, pues en él podemos proyectar lo que conocemos y lo que controlamos en este momento.

El futuro próximo y el futuro lejano son mucho más difíciles de vislumbrar porque a medida que se alejan en su dimensión temporal tanto más difícil es tener conocimiento de todas las variables que puedan entrar en juego para definirlo. Especialmente aquellas variables que los humanos introducen en la dinámica de la historia como por ejemplo el envenenamiento global de los mares con residuos tóxicos producidos masivamente por la industria pesada, o los derrames masivos de petróleo crudo en el mar por descuidos técnicos o de mantenimiento de los súper tanqueros.

El futuro inmediato lo vivimos, y lo definimos en base a quienes somos hoy día. Nuestra personalidad, nuestra manera de ver, de interpretar la vida, de juzgar, de apreciar, de diferir, de argumentar, de aceptar o rechazar cualquier evento o experiencia que tengamos es lo que nos permite definir el futuro inmediato que queremos vivir.

De lo poco que tenemos control, es nuestra palabra. Ella nos expresa, ella nos manifiesta, ella nos define, ella nos interpreta lo vivido. La palabra si la podemos controlar porque está en nuestro poder el escoger, el articular y armar las palabras que nos permiten interpretar los acontecimientos de la Vida. Esa capacidad, ese control que tenemos sobre nuestra palabra nos permite controlar la interpretación que hacemos de lo que nos ocurre, nos permite darle el sentido que queramos a lo que nos sucede pues somos autores de dicha palabra.

El futuro próximo se puede crear, si modificas quién eres ahora, modificando las palabras que te definen en este presente. Esto es posible porque el descubrir la raíz de quién eres ahora y en qué medida esta raíz es la que te ha limitado las posibilidades de crecimiento interior es la que te da el poder de cambio porque tenemos el control sobre la interpretación de lo que nos pasó, y tenemos la capacidad para definir la nueva historia que queremos vivir ahora en el presente, y en el futuro inmediato.

Si llevamos a cabo este proceso, entonces el futuro inmediatamente se convierte en un horizonte de probabilidades, de oportunidades, no en el drama ya escrito de quien serás y como actuarás.

¿Por qué es tan importante esta toma de conciencia de que somos autores de nuestro futuro, más que ser simples actores del drama que la Vida se encargará de darnos para actuar? ¿No es más fácil vivir el futuro simplemente como este llegue sin tener que hacer tanto esfuerzo para diseñarlo?

Quizá sea más fácil desde el punto de vista de que si no hago ninguna revisión de mi pasado, que si no redefino mi presente, me ahorro ciertamente un gran esfuerzo de introspección personal. Pero por el contrario, si no lo hago, entonces renuncio con demasiada facilidad a vivir en la dimensión que nos hace más plenamente humanos.

¿Y cuál es esa dimensión?

La de ser creadores de nuestra propia evolución. Esta es una de las grandes prerrogativas que tiene el hombre y que lo define como hombre. El hombre es la criatura que por excelencia puede imaginar el futuro, puede soñar con crearlo, puede aspirar a realizarlo, planificar para alcanzarlo y disfrutarlo cuando lo logra. Sin esta habilidad, sin este potencial para desear intensamente y moldear el futuro, no hay historia humana. La historia humana la creamos a medida que la vivimos, y esta la vivimos impulsados por ese sueño constante de un futuro mejor.

Sin poder hacer una decisión de cambio sobre el presente, no podríamos dirigir nuestra evolución que es en último término la más grande de todas empresas humanas a la cuales tenemos acceso, a la cual debemos nuestra alianza, a la cual debemos enfocar todo nuestro potencial creativo del futuro, pues es en esa toma de consciencia y responsabilidad de la dirección de nuestra evolución por medio de la cual nos manifestamos en la grandeza de la especie que somos.

Pero para poder llevar a cabo esa tarea es necesario que asumamos el papel de rectores de nuestro propio futuro, de nuestra evolución colectiva como especie humana. No podemos llevar a cabo dicha tarea sublime de ser directores de nuestra propia evolución si no entendemos cómo crear un futuro personal y colectivo que no esté constreñido por ese pasado traumático que hemos vivido individual o colectivamente. Solo en la medida en que limpiemos anticipadamente ese espacio futuro del lastre de nuestro pasado y de nuestro presente será posible crear las posibilidades de un futuro nuevo, un futuro brillante, un futuro abierto al crecimiento, a las nuevas posibilidades.

¿Y es posible lograr esta meta con el ejercicio de introspección, de análisis crítico de lo vivido traumáticamente sea a nivel individual, sea a nivel colectivo?

Sí es posible lograr esa meta, siempre y cuando se haga el ejercicio de introspección, de análisis del pasado. Se puede hacer más fácilmente con la ayuda de otra persona que uno solo. Pero una vez hecho y encontrado la raíz de lo que me determina ahora, entonces será posible iniciar el proceso de limpieza del pasado. Se podrá perdonar allí donde se requiere perdón, dejar ir los recuerdos que nos persiguen como verdugos del alma, romper con las amarras de imágenes fantasmas que nos tienen prisioneros; comprender las circunstancias, los constreñimientos mentales o ambientales que nos hicieron daño, decirle '*adiós*' a esos resentimientos que nos carcomen diariamente y no nos dejan salir de nuestro caparazón de sufrimiento auto-infligido.

Si nos liberamos de las prisiones, de las murallas, de las cadenas del presente que es el producto del pasado, es posible escribir un guión nuevo, fresco, abierto a las posibilidades no definidas de un futuro lleno de nuevas perspectivas. El futuro es brillante para cada uno cuando no está definido. El futuro es verdadero cuando podemos escribir en él nuestros más profundos deseos de triunfo, de crecimiento, de conquista de metas, de superación, de triunfo.

Pero ese no puede ser mi futuro si ya está escrito porque no he limpiado mi pasado, porque no he re-construido mi presente. El futuro es diseño mío tanto cuanto me haya liberado de aquel impacto del pasado que me hizo inseguro, desconfiado, incrédulo y ciego a la belleza de la vida. El futuro es obra mía, está escrito por mí cuando limpio mi presente de todo lo que me ancla a un pasado traumatizante. Es por eso que debo limpiar mi presente, procesando el pasado y abriendo las puertas a un futuro brillante.

El trabajo – donde me realizo o donde me esclavizo

Todos estamos llamados por la Vida a demostrar nuestra capacidad de crear, continuamente, aun en las labores más sencillas. El trabajo, lejos de ser una maldición, es la Gran Oportunidad de manifestar esta gran capacidad que tengo para desarrollar, para tomar iniciativa, para dirigir procesos, para inventar nuevas soluciones, para crecerme en la dimensión donde puedo llegar a ser un gigante: convertirme en el individuo que crea vínculos de amistad sincera para, conscientemente, contribuir con la construcción de un mundo donde la co-existencia pacifica deja de ser una quimera y se convierte en el presente que todos ansiamos.

El trabajo forzado obviamente no da mayor margen para demostrar de qué somos capaces, fuera quizá, de hacer visible una gran capacidad para soportar el abuso, y para obedecer los que tienen el poder. Se soporta esa condición porque es más fuerte el espectro de perder los mendrugos que dan al final de la jornada, el pago quincenal, o el sueldo mensual. Pero el trabajo que genera una mísera entrada de exigua sobrevivencia es simplemente trabajo de esclavitud soterrada, de denigración y abuso de los derechos humanos.

Desafortunadamente son miles, millones los que no tienen mayor alternativa sino trabajar en estas condiciones de explotación inmisericorde porque no tienen control sobre las condiciones socio-económicas en las que crecieron, en las que se vieron obligados a permanecer por falta de educación apropiada, por falta de oportunidades de aprendizaje, por falta de capacitación para escalar en el mismo trabajo. Estos son los que viven como esclavos del mismo y por eso lo aborrecen.

Pero esos no son los únicos que aborrecen el trabajo que hacen. Están los de la clase media que han tenido una oportunidad de educación secundaria, que son profesionales de carreras técnicas y sin embargo viven atrapados en la tenaza del aburrimiento, de la falta de realización en lo que ejercen como trabajo porque no les brinda la satisfacción monetaria ni la realización personal. Las razones son múltiples, pero en gran parte son razones que pueden cambiarlas porque éstas dependen más de su actitud interna que el trabajo que les toca hacer.

Si al levantarme pienso enseguida la tortura que va a ser el día del trabajo, ya desde ese momento estoy garantizado que ese día va a ser una tortura y que aparecerán todas las razones para confirmar lo que temía al levantarme. Ese tipo de trabajo no puede ser apetecible, no demanda lo mejor de mí, de lo que puedo dar, de lo que puedo crear. Es una *'profecía de auto-cumplimiento'* puesto que lo que se pone en el Universo como intención de lo que se desea es generalmente lo que el Universo se encarga de darte.

Si por el contrario, el trabajo que elijo hacer es aquel en el cual doy expresión a la pasión de lo que me gusta hacer, lo que me fascina gastar mi tiempo porque en esa actividad descubro mi capacidad de inventiva, de creatividad, entonces el trabajo deja de ser un evento pesado, odioso y se convierte en la actividad que me satisface, que me ayuda a crecer, y que me realiza plenamente.

Para encontrar el trabajo de lo que me apasiona hacer necesito sentarme con papel y lápiz y escribir todo lo que me gustaría hacer, todo lo que me gustaría aprender, todo lo que me gustaría crear. Después hacer una lista de todas las habilidades y destrezas que creo poseer. Una tercera lista de todo aquello que no me gusta hacer. Una vez que se tengan estas listas, comienza el ejercicio de aparejar lo que me gusta hacer con la habilidad y destreza que tengo para llevarlo a cabo. Después se jerarquiza qué se desea hacer primero, qué segundo, qué tercero en un año, en dos, en tres años. Con esta información es posible entonces hacer un Plan de Acción de Vida en el que se escriben, en detalle, qué pasos debo hacer para conseguir dichas metas, qué debo aprender, qué debo experimentar, qué debo ahorrar, qué debo investigar, etc.

Quien hace el ejercicio de descubrir qué es lo que le apasiona hacer en la vida y lo convierte eso en su trabajo diario habrá encontrado una mina de oro pues el trabajo se convierte en la razón de ser-hacer porque eso es lo que le permite expresarse como el creador en potencia que es.

Quien no tiene un Plan de Acción, no sabe hacia dónde va

La Vida sin unas metas que muestren a donde quieres llegar, se encarga de llevarte donde la dinámica de los acontecimientos te conducirán sin tu participación, sin tu conducción, sin tu control. Estarás al garete de lo que venga, por donde venga, sintiéndote incapaz de poner orden o dirección a nada.

Definir metas por alcanzar es pensar en qué quiero llegar a ser, en quién quiero transformarme, en qué quiero obtener como sentido de Vida. Si tengo una o varias metas he definido el Norte por donde caminar. Si hay claridad en el punto al cual quiero llegar puedo hacer un Plan de Acción que me lleve allí. Plan que debe ser aterrizado, de acuerdo a mis habilidades y destrezas, de acuerdo a mis potencialidades, al tiempo disponible, a mi preparación, a los recursos financieros y técnicos con que cuento. Ese Plan debe tener indicadores de cumplimiento, de progreso, y de estar acercándome a la meta propuesta.

Cuando hago esto tengo posibilidades de triunfo, de estar bajo control de mi Vida. Yo la dirijo porque sé para dónde voy. Pongo en marcha todo lo necesario para conseguir los objetivos intermedios, evaluó qué he logrado, aprendo qué no ha funcionado y por qué, corrijo y oriento la estrategia por el camino que la lección aprendida me sugiere.

Sin este proceso consciente, pacientemente elaborado, no se puede pretender que se va a lograr lo propuesto pues no hay mapa, no hay guía de cómo llegar allí. Tampoco se puede pretender que se lograran las metas propuestas si todo se deja a la improvisación. Podemos ser geniales en algunas de esas improvisaciones pero no se puede construir un futuro basado en improvisaciones constantes que no tienen consistencia ni metodología para su implementación.

Quien quiera triunfar en la vida tiene que tener un Plan de Acción, aunque este sea rudimentario al inicio, no importa, por lo menos hay un Plan que indica por donde comenzar. A medida que se avanza en su implementación en esa medida también se va esclareciendo qué es lo que funciona, qué es lo que no funciona, por dónde hay que seguir insistiendo, qué hay que modificar, por qué hay que modificarlo.

Si se quiere tener la sensación de que uno está dirigiendo la Vida y que ésta no lo va llevando a uno por las olas del capricho, por las mareas de la incertidumbre, es necesario, pues, diseñar un Plan de Acción, que es a la vez un Plan de Vida; Plan que requiere revisiones periódicas para que se mantenga en curso.

Se es capitán de un navío cuando se sabe dónde está el Norte, se sabe cómo encontrarlo después de cada tormenta, pequeña o grande, y se sabe cómo trazar la ruta a seguir utilizando los mapas que se tienen delante. Capitán que no puede leer el mapa está perdido. Capitán de la Vida que no puede ver dónde quiere llegar, igualmente esta perdido en el mar embravecido de la Vida cuando ésta se agita con los vientos huracanados de los imprevistos, de los accidentes, de las enfermedades, o la muerte de alguien intimo.

El Éxito consiste en vivir el Presente con pasión

Lo que se suele celebrar como haber alcanzado el éxito dista mucho de lo que es el verdadero Éxito. La forma generalizada de reconocer que alguien tiene éxito, que lo ha alcanzado es haciéndole un reconocimiento público, una premiación, una celebración del triunfo especifico, una entrevista en un programa de televisión, en un revista, en un programa de radio. Cuando esto pasa y mucha gente se entera de lo que el individuo ha logrado, se piensa enseguida que esa persona celebrada ha conseguido el éxito. Cuando es festejado con bombos y platillos, cuando se le da una condecoración, se le ofrece una cena en su nombre, se le pide que hable, se le da un título honorífico, en estos momentos tanto el festejado como los demás que lo conocen o que oyen de él por primera vez piensan para sus adentros que esta persona ha logrado la cima del éxito, que es una persona exitosa, que es un ejemplo de lo que es alcanzar dicha meta.

Pero la verdad es que ninguna de esas expresiones, ninguno de esos reconocimientos constituyen la vivencia de ser exitoso, puesto que ésta no depende de lo que los demás digan de mis logros, sino de cómo yo vivo la experiencia en el presente. Mi éxito está en el nivel de pasión con que vivo el día presente, no en el logro de una meta especifica. Éxito es degustar lo que se desea hacer, es ser consciente de que se hace algo que contribuye al bienestar de los que me rodean, de los que son impactados positivamente por mi forma de actuar.

El solo hecho de comprobar que lo realizado ha tenido un efecto o impacto neto positivo en los demás es la medida segura de haber tenido éxito en lo que me propuse hacer. Lo que los demás afirmen que he logrado como éxito es relativo a sus estándares. Para mí, interiormente, es la satisfacción única de que ningún elogio me puede quitar o modificar, de haber hecho, dicho, realizado un acto, una actividad, un resultado que me permite experimentar como recompensa propia el que los demás se beneficiaron de lo que hice. Esa debe ser la medida constante de lo que yo pueda considerar que he tenido éxito. Si lo que hago, si lo que vivo con pasión no ayuda a los demás a desplegar lo mejor de sí mismos, no elecita una respuesta de crecimiento en ellos, no he tenido éxito en lo que estoy haciendo. Tenemos éxito en la medida en que todos crecemos interiormente. Lo demás es apenas adulación pasajera de quienes no han captado la esencia del éxito.

Sin vida interior solo se vive para el exterior

Así como es de cierto que el tener un Plan de Acción es la forma más certera de saber para dónde se está caminando, a dónde se quiere llegar, de la misma manera podemos y debemos afirmar que sin vida interior, se vive solo para el exterior. Desglosemos lo que queremos decir con esta lección de vida.

Comemos tres veces diarias porque el cuerpo lo necesita para mantenerse fuerte, vigoroso, sano. Eso no lo discutimos, no argumentamos en su contra, más aun, el cuerpo se encarga de recordárnoslo con una puntualidad casi enervante. Cuando llega la hora del almuerzo el estómago comienza a dar claras señales de que está listo para recibir alimento. Produce un vacio en la mitad del mismo, un ronroneo interno, o una ligera molestia estomacal con un trazo de sensación de acidez. En caso extremo, se siente un desfallecimiento leve que a las claras indica que necesita comida inmediatamente para ser aplacado.

Algo parecido puede aparecer a la hora de la cena dándonos señales que es hora de volver a darle al estómago el alimento que necesita para llevar a cabo sus funciones digestivas. Bendito mecanismo que nos recuerda cuándo debemos ingerir las comidas regulares que son las que nos mantienen el cuerpo funcionando relativamente bien, en armonía, facilitando y permitiéndonos llevar a cabo las funciones vitales del trabajo, del estudio, de la creatividad, del servicio. Sin este mecanismo de advertencia nos desequilibraríamos pues quien acumula saltos de comidas a su debido tiempo no tarda en sentir falla de fuerzas, falta de ánimo y de concentración. Sin alimento constante y regular el cuerpo sencillamente deja de operar óptimamente. La falta prolongada de alimento puede llevar a la persona a un estado de letargo, de disfuncionalidad que puede terminar en shock y muerte si se prolonga más allá de la capacidad del cuerpo de reaccionar sin alimento.

Hemos establecido en este mismo capítulo que somos un espíritu encarnado y que por lo tanto nuestra realidad total es esta misteriosa fusión entre lo temporal y lo intemporal, entre el espíritu y la materia, entre lo físico y lo trascendental. Esta realidad es permanente, es lo que nos define, en último término, como hombres.

Por lo tanto, si estamos hechos y amalgamados de estas dos realidades, ¿por qué no alimentamos igualmente a nuestro Espíritu, esa otra parte constitutiva de lo que somos, con la misma regularidad con que alimentamos el cuerpo? ¿Será porque el Espíritu no nos avisa con la misma agudeza que el estómago, que está bajo de nutrición espiritual? O ¿será más bien que estamos tan inmersos en la realidad físico-temporal que no le ponemos atención a las llamadas que nos hace el Espíritu cuando nos susurra que le hace falta el mismo nivel de cuidado que le damos al cuerpo con nuestras dos o tres comidas diarias?

El Espíritu dentro de nosotros es tan vivo como lo son todos los órganos del cuerpo. Si no se le alimenta, sí no se le nutre le pasa lo mismo que al cuerpo. Se va apagando lentamente, se va agotando en si mismo porque no tiene de donde recuperarse, se va escondiendo hasta el punto que ni nosotros mismos logramos percibirlo. En ese momento lo único que importa y prima en nuestras vidas es todo lo que es caducamente físico y efímero. Nos reímos y burlamos de todo lo que tiene que ver con el Espíritu y terminamos asociándolo con las viejas beatas que van a la misa de las seis de la mañana, más por costumbre que por convicción porque ellas parecen haberse quedado estancadas en un tiempo sin tiempo, en una suspensión de existencia.

Nuestro Espíritu necesita pues, la nutrición diaria de la reflexión, de la autoconsciencia que toma posesión de sí misma, que indaga, que pregunta, que expone, que compara que arguye aun al mismo Creador pidiendo claridad a las preguntas que se han convertido en misterios. Esta nutrición no puede ser esporádica, cuando de pronto me acuerdo de la misma. Tiene que ser diaria si pretendo tener un Espíritu fuerte y activo. Necesita el mismo nivel de nutrición del cuerpo, con la misma frecuencia. Solo así se puede conseguir el equilibrio necesario entre lo físico y lo espiritual, cada uno tan necesario como el otro para el desarrollo integral del Yo-Espíritu-Cuerpo que soy.

Mi alimento espiritual también sale de la lectura inspirada, de la lectura que pregunta e indaga por estas realidades trascendentales, de la reflexión callada en una meditación tranquila, de la oración intima hecha en la soledad de mi cuarto, de la repetición verbal de oraciones hechas por santos, de mi reflexión escrita en diarios; en fin cualquier medio que me permita callarme y escuchar la voz interior que va lentamente develándome el misterio mismo que soy.

No hay espíritus encarnados que crezcan sin este alimento diario. El éxito está en encontrar el momento, los momentos donde en efecto le damos cabida a dicho acto nutricional.

La Felicidad no es una meta, es un estado de ser

No hay mayor falacia que el creer que la Felicidad es una meta, una estación de llegada. Con esa concepción no se logrará experimentarla porque uno estará enfocado en llegar a esa meta y encontrar algo allí que lo hará a uno feliz. No ocurre así con la Felicidad.

¿Por qué?

Porque la Felicidad se experimenta como estado de ser, no como adquisición de algo, como llegada a una meta. El goce se da en ser consciente del estado de euforia que se experimenta con un sentimiento, con una vivencia, con una elevación de la mente, con el contacto consigo mismo en un estado de paz y armonía, con el disfrute de una compañía excelsa, con un pensamiento iluminador, con una teoría satisfactoria, con la contemplación de un atardecer singular, con la contemplación de un despliegue multicolor de un campo de flores, con la filtración de los rayos del sol a través de una nube dando la sensación de un descenso celestial.

Es estar presente en esos momentos, absorber el detalle, compenetrarse con el color, sentir el aleteo de la inspiración, compartir el jadeo de una pasión, volar en la imaginación al ritmo de unos versos, encontrar la sutileza de una nota musical, sintonizar el movimiento interior con la gracia de una bailarina, descender en una caída libre imitando al vuelo de un pájaro es como se experimentan esos momentos de inspiración, esos momentos de arrobamiento, esos momentos de conexión íntima, de fusión de mentes y de cuerpos. Esos son los momentos que podemos calificar como experiencias de Felicidad, estar en el presente del momento que produce ese sentimiento de Felicidad, que más que palabras son la misma experiencia. Solo experimentándolos, estando presentes conscientemente cuando ocurren es cuando podemos afirmar que se ha vivido experiencias de Felicidad.

Porque la Felicidad no es meta, no es objeto, sino un estado de consciencia del momento, por esa misma razón no se puede obligar al otro a que me haga feliz. Nadie es responsable de la felicidad del otro. La Felicidad es responsabilidad personal; nadie puede hacerlo a uno feliz. El otro puede hacer todo lo que cree que me hará feliz, pero si yo no vivo la Felicidad internamente porque estoy en paz conmigo mismo, con la vida y con los demás, no la podré experimentar de tal manera que pueda decir, "Soy feliz". Yo soy feliz cuando me amo a mi mismo y me acepto como soy, cuando acepto al otro como es y le ofrezco mi amor sin pedirle nada a cambio, tan solo el goce de compartirlo. En ese momento la Felicidad se experimenta como estado de ser, no como obtención de algo.

Por todas estas razones, la Felicidad no es una meta de llegada, porque los momentos de experiencia de Felicidad no se experimentan como meta de llegada. Se vivencian como momentos únicos y exclusivos donde el ser-consciente-del-momento y de la experiencia se goza la misma experiencia y se la vive como Felicidad.

La Felicidad última solo se puede adquirir tanto cuando se está en la presencia del Ser que exuda Plenitud, la que llena el ansia de estar completo. Cuando el ser pequeño que me define y constituye en alguien en la espacio-temporalidad experimenta una expansión de su esencia por medio de una experiencia de Plenitud del Ser, este queda con la sed de querer repetir incansablemente esa experiencia. Esto no se logrará sino en la Presencia misma de Quien es la Plenitud del Ser. Para ello se requiere una evolución espiritual continua que le permita a mi pequeñez ir poco a poco experimentando esa Felicidad que solo se satisface estando en la presencia del Ser que Es la fuente de Ser.

Capítulo 3

Mi relación con los demás

La dimensión que más impacto tiene en la Vida es sin duda la dimensión de nuestras relaciones con las personas con quienes convivimos diariamente. Con ellas y junto a ellas creamos el medio, el contexto donde nos desarrollamos físicamente, y donde se moldea nuestra personalidad, nuestro carácter, nuestra individualidad. En la convivencia con los demás es donde descubrimos quiénes somos, de qué somos capaces de llegar a ser, y de cuánto somos capaces de mostrar nuestro aprecio por ellos con los actos de servicio que libremente les regalamos. En el diario caminar con ellos cultivamos el tesoro de la amistad, y llegamos a descubrir los horizontes insondables del Amor que se entrega sin esperar nada a cambio.

Hacer un bebé no es ser 'Papá'

Cualquier hombre sano puede producir un espermatozoide que sea lo suficientemente fuerte para que llegue donde se encuentre el óvulo maduro de la mujer y lo fertilice. Ese requisito biológico de base, más el hecho de que haya tenido una relación sexual con dicha mujer, puede lograr que dicha fertilización sea exitosa, que el óvulo se anide en la matriz preparada, y se inicie el embarazo que ha de dar a luz un niño o una niña.

Todo este proceso es físico y autónomo, tanto cuanto que ni el hombre ni la mujer tienen que tener consciencia de estar produciendo el espermatozoide preciso, el óvulo particular y el momento en que se unieron para iniciar la gestación. Todo esto ocurrió probablemente en la oscuridad de las trompas de Falopio hasta que el óvulo fertilizado descendió al útero y ella se percató de que estaba 'embarazada'. Hasta ese momento ninguno de los dos tuvo que estar presente, conscientemente alerta, y atestiguando que el milagro de la Vida se estaba llevando a cabo.

Precisamente porque el proceso es tan 'natural', tan silencioso, tan imperceptible es por lo que, cuando se dan cuenta de que ella está embarazada, comienza a develarse el cobre de la personalidad de cada uno. Si el muchacho es aún un adolescente que no tiene idea de cómo ganarse el pan diario para sostener a una o dos personas, entra en pánico literal, da media vuelta y desaparece del escenario dejando a la chica en un estado de shock total pues ella estaba convencida de que la noticia de su embarazo iba a hacer dichoso al muchacho, le iba a dar la oportunidad de mostrarle a ella cuánto la quería en la medida en que se iba a hacer responsable del cuidado de ella y del bebé en camino.

Oh sorpresa, cuando se encuentra sola, desamparada, con la carga de un bebé que tampoco ella pidió concebir sino 'que pasó', pero que ahora tiene que llevar a término con el embarazo, darlo a luz y criarlo sola porque el muchacho no quiere asumir la parte de responsabilidad que le corresponde al haber participado en dicha concepción.

Un bebé es un hijo. Un hijo es un universo de responsabilidad. Y ésta, aceptada, es lo que convierte al muchacho, al adolescente o al hombre en "Papá". Concebir, participar en la iniciación de un bebé es un acto casi irrelevante, pues hoy día con la inseminación artificial, no se requiere de la relación física con el varón para llevarla a cabo. Ser el autor de una concepción es apenas la ráfaga pasional de cinco minutos de extraordinaria sensación que termina en una explosiva eyaculación. Habrá que añadirle las horas invertidas, el dinero gastado en el proceso de la seducción, en ablandar las defensas de ella para lograr ese momento incontrolable de explosión interna. Pero ninguna de esas horas, de ese dinero o de ese esfuerzo es relevante cuando se compara con el resultado que se viene encima, la creación de un nuevo ser, de una réplica de quienes somos, una prolongación de mi existencia en la diminuta existencia de ese bebé en camino.

Hacer pues, un bebé, no es nada si se compara con convertirse en papá. Esto es la toma de consciencia de que se ha engendrado un ser vivo que dependerá de mí para su sobrevivencia. Es la toma de consciencia de que ya no se vive en función de mí mismo, sino en función de una criatura que no pidió venir a la Existencia, pero que ahí viene en camino y va a depender enteramente de mi participación como su papá en su nacimiento, crecimiento y desarrollo. Esto es lo que quiere decir convertirse en ser padre. Es tomar las riendas enteras de la responsabilidad de lo hecho y asumir con valentía, resolución pero especialmente con Amor, que ese nuevo ser que viene en camino va a necesitar de mi presencia masculina para crecer, y convertirse el día de mañana en alguien del que yo pueda estar orgulloso de él o ella. Alguien que se convierta en un hijo que me ama porque he estado ahí presente a lo largo de su vida dándole el apoyo, cariño y amor que necesitaba para llegar a ser quien es hoy día: un hombre o una mujer que orgullosamente puedan decir de mí, 'La persona que más ha influenciado en mi vida, que ha sido mi inspiración, es mi Padre, a quien amo con todo mi corazón'.

Los hijos, fideicomiso divino

Nuestro poder de generar una nueva vida nos asemeja al Creador de una manera que no tiene comparación. Hombre y mujer se unen en un amoroso abrazo y dan origen a un nuevo ser cuando los dos aportan cada uno la mitad necesaria del material genético para que se dé el inicio al proceso del que emergerá nueves meses más tarde como un individuo nuevo e irrepetible. Ese proceso, tantas veces vivido inconscientemente, y tantas veces dejado al azar, pasa inadvertido a sus autores porque no se percatan de que nuestra herencia divina consiste en esta incomparable capacidad para hacer una réplica de nosotros mismos cuando engendramos un bebé. Somos capaces de moldear un nuevo ser a 'nuestra imagen y semejanza' porque se nos ha dado ese poder desde que fuimos concebidos.

El poder de crear un nuevo ser no es un poder para jugar con él. Es un poder que, por provenir del Creador, conlleva una profunda responsabilidad. Dios no ha creado caprichosamente todo lo que existe para ver qué resulta, sino que siempre ha tenido un propósito, en su Gran Plan de la Creación, para que cada cosa creada, cada manifestación de Vida tenga su propósito, cumpla su misión, sea una nota más de la sinfonía cósmica.

Nosotros, que nos asemejamos al Creador en esta increíble potencialidad de hacer un nuevo ser, recibimos el don gratuitamente, pero lo recibimos con la responsabilidad que dicho don conlleva. Una responsabilidad que abarca toda la realidad del nuevo ser creado. La potencia no es solo para engendrar una nueva criatura, traer al mundo otro niño o niña sin más. Es traer a la existencia terrenal un ser más que desde su origen tiene la misma chispa de divinidad que recibí cuando fui hecho por mi Creador.

Ese individuo, tiene la herencia y el derecho de poder llegar a descubrir ese origen divino, y tiene el privilegio de descubrir el fin último para el cual vino a la Existencia. Sin embargo, ese derecho debe ser descubierto, apreciado, deseado, ejercitado. Somos nosotros, los que nos llamamos padres, los encargados, los comisionados para descubrirle a ese nuevo ser, el origen divino de donde salió. Es nuestra tarea ayudarle a ser agradecido de ese regalo y es nuestro deber brindarle las oportunidades, crearle las condiciones, armarle las posibilidades para que pueda descubrir dicho origen. El último fin de recibir los hijos en fideicomiso, además de darles lo necesario para que crezcan y se desarrollen plenamente, es el ayudarlos a entender el origen extraordinario, el divino, de donde han salido y al cual estamos todos destinados a volver.

Solo cuando captamos esta dimensión de grandeza y de responsabilidad es cuando caemos en la cuenta de que nuestros hijos son prestados, que se nos han dado en fideicomiso. No nos pertenecen, ni los manejamos a nuestro antojo. Son hijos de Dios, a quienes debemos enseñarles este gran origen para que, a su vez, descubriendo la nobleza de su origen, deseen agradecer al Creador su propia existencia con la misma efusión con que agradecemos habernos convertido, en un momento, en padres de nuestros hijos.

El primer hijo lo cambia todo

La razón por la cual esto ocurre es porque la llegada de un hijo es como un terremoto. Lo cambia todo.

El cambio más inmediato y profundo, desde el embarazo, son las modificaciones que se experimentan en la relación de la pareja, aun cuando ambos se amen y esperen entusiasmados la llegada del bebé. Desde el embarazo la relación física entre los dos se modifica. Al principio ella puede tener un rechazo ligero de él porque las molestias típicas del embarazo son en gran parte, 'su culpa por haberla dejado embarazada'.

Cuando esta fase pasa, llega un segunda en la que de nuevo las relaciones intimas no son fáciles o posibles por lo avanzado del embarazo lo que le obliga al muchacho a entrar en un periodo de abstinencia para la cual no está preparado ni deseoso de vivir. El joven tiende a interpretar equivocadamente la situación sintiéndose rechazado, no-deseado, no-apreciado por su compañera. Si la tensión aumenta y él no encuentra cómo procesarla conscientemente, puede, desafortunadamente, buscar un alivio, un apoyo afectivo con alguna amiga, y en un momento de tensión sexual extrema, hasta pagar sexo con una desconocida.

Cuando el bebé nace, se vive otra fase de terremoto en la que los dos tienen que aprender el arte de alimentar al bebé, sea ella amamantándolo, sea que tengan que darle biberón. En ambos casos los dos tienen que aprender un sin número de detalles para alimentarlo correctamente, a tiempo y en la cantidad suficiente. El bebé impone un horario de alimentación que normalmente no coincide con el de él o con el de ella. Ambos tienen que hacer profundos cambios y ajustes en sus horarios personales para poder darle el alimento en la noche, en la madrugada, durante el día.

Después está la cambiada de pañales y la bañada del bebé. Dos verdaderas faenas. La una por lo desagradable que es cambiar pañales defecados y limpiar las nalgas embadurnadas. La otra por la posibilidad de que mientras está bañando al bebé este se le deslice por estar enjabonado y caiga fuera de la tina al piso o porque se le hunda la cabecita en la misma y trague agua enjabonada.

También hay que mencionar las famosas situaciones de emergencia de salud que nunca faltan en los primeros meses de crecimiento del bebé. Un cólico persistente que lo hace llorar sin parar, una fiebre que no se le va, una tos que le reduce la respiración, una diarrea que no le para, la aparición de síntomas que pueden ser de sarampión o viruela. En todos estos casos, sin ninguna experiencia previa, los jóvenes padres entran en pánico, salen corriendo para el hospital para descubrir que no era nada grave o por el contrario que el bebé está seriamente enfermo. En cualquiera de las dos situaciones los nuevos padres descubren cuánta falta de preparación tienen para lidiar con esas circunstancias. Nada de eso se aprende en el colegio o en la universidad.

Pero si el terremoto se vivencia en lo inmediato, no menos se siente en los cambios radicales que ambos tienen que hacer en su vida presente. Lo más seguro es que ella tenga que dejar de estudiar porque posiblemente no la acepten embarazada en el colegio, y ciertamente no podrá ir a clase cuando el bebé esta tan pequeño y dependiendo de ella en todo para sobrevivir. Igualmente, si el muchacho está estudiando, tendrá que dejar el estudio y encontrar un trabajo para enfrentar las obligaciones económicas que se le vienen encima. En pocas palabras, el presente que hasta ese momento estaban viviendo cambia radicalmente.

Otro cambio que no se esperaban ni que nadie les advirtió que ocurriría es cuán rápido desaparecen los amigos que tenían. No es de sorprenderse. Los amigos comparten la vida en todo aquello que es de mutuo interés. Así se reúnen para charlar, para ir al cine, para ir al baile, para ir de paseo, para estudiar, para hacer juntos trabajos del colegio o de la universidad.

Cuando se tiene un bebé, todo eso cambia. No se puede reunir con los amigos sin el bebé pues no lo pueden dejar solo en casa. Si lo llevan a cualquiera de esas reuniones pronto los amigos se molestan porque llora, porque hay que alimentarlo o cambiarlo de pañales. No podrán oír música o bailar sin que despierten al bebé o lo sobre-existen y después no pueda dormir. No lo pueden llevar al cine, o al paseo. El tema de conversación cambia radicalmente y el muchacho no podrá compartir experiencias de encuentros con otras muchachas porque no los puede tener; ella no podrá hablar de tal o cual moda porque ni las habrá visto, no podrá conversar sobre la última actividad del colegio o de la universidad porque no estuvo presente. Muy pronto se dan cuentan todos de la incompatibilidad de estilo de vida y los amigos dejan de frecuentarlos o de invitarlos y los nuevos padres no se atreven a llamar ni a ir a las reuniones de los solteros.

Sin que sea consciente, también cambia la relación con los padres de cada uno. Lo más seguro es que la mamá de ambos tendrá algo que sugerir y decir de cómo se deben hacer las cosas con el bebé, porque cada uno tendrá su 'experiencia' propia para avalar su opinión. Generalmente las experiencias y las opiniones son diferentes, y por lo general la muchacha tiene que hacerle más caso a su madre, o el muchacho tiene que darle más crédito a su mamá, y termina creándose una atmósfera tensa de quién tiene la razón y quién tiene más peso para que las cosas se hagan según su parecer.

No es raro encontrar en estos momentos que los papás también tienen su opinión y juegan un papel definitivo en las decisiones que haga el muchacho respecto del trabajo, del manejo económico de la situación, de los planes para el futuro, de cómo debe definir prioridades, qué hacer con los estudios. No faltan temas en los cuales ambos papás tienen un consejo de peso que dar y no siempre coinciden dichos consejos dejando al muchacho en un verdadero conflicto de alianzas y afectos.

Si se cambia el presente tan radicalmente no menos se ponen en tela de juicio los planes del futuro. ¿Quién afrontará económicamente el crecimiento, la educación, el vestido y la alimentación del bebé a medida que crece? ¿De dónde obtendrán los nuevos padres la entrada económica para hacer frente a todas estas nuevas responsabilidades? ¿Quién de los dos terminará los estudios? ¿De qué manera se manejará los costos de dicha educación? ¿Podrá alguno de los dos llegar a ser un profesional? ¿Dónde encontrarán un apartamento lo suficientemente cómodo pero a un precio manejable? ¿Tendrá que ser en un barrio económicamente más barato pero posiblemente más alejado de la casa de los padres de ellos?

Un hijo es una bendición, pero igualmente es un terremoto en el sin numero de cambios profundos y radicales que impone sobre los nuevos padres. Estos cambios deben reflexionarse en cabeza fría para decidir si se está preparado para los mismos, antes de 'encargar' ese bebé. Cuando llega no hay como echar para atrás y estén preparados o no, tienen que afrontarlos.

De ahí la imperiosa necesidad que los novios y los recién casados tienen de hablar a fondo sobre los potenciales hijos que puedan tener. ¿Qué método van a utilizar para que ella no quede embarazada? ¿Cuál va a ser el ritmo de relaciones sexuales si la decisión es no usar un método de contracepción específico? ¿Conocen a fondo el mecanismo de ovulación y el proceso de fecundación? ¿Han oído hablar de la píldora de emergencia en caso de olvidarse usar el método elegido?

Estas y muchas otras preguntas son necesarias abordar en un diálogo franco, abierto y sin la falsa vergüenza enseñada, aún en algunos ambientes, de que esas cosas una muchacha 'decente' no habla y un muchacho 'respetuoso' no pone el tema. Sin llevar a cabo este diálogo y sin tomar ninguna decisión conscientemente de qué prevención usar, con seguridad llega el 'embarazo no-deseado' y con él toda la carga negativa de un bebé no-planificado.

La inocencia de un niño es sagrada

No en vano Jesús fue tan enfático contra quienes maltrataran, mancillaran o acabaran con la inocencia de un niño cuando dijo: "Quien escandalizare a uno de estos pequeños más le valdría que le colgasen al cuello una rueda de molino que mueven los asnos y que lo arrojen al mar" (Mt. 8,42)

La inocencia de un niño se da en varios niveles: el físico, el psicológico, el espiritual. Aunque cada uno puede ser desmenuzado por separado, sin embargo están relacionados íntimamente y cuando uno se ve afectado, los otros niveles reciben igualmente el impacto. La inocencia de un niño radica básicamente en la ignorancia y falta de experiencia que tiene del mundo aberrado de sus mayores, en su incapacidad para procesar eventos traumáticos porque vive en un estado de ligereza mental, de sub-desarrollo psicológico que no puede entender la existencia del mal en los mayores, no puede captar el engaño, no puede procesar el abuso de poder del adulto. El niño vive inmerso en un mundo de juego, de descubrimiento, de confianza en sus padres y mayores cercanos. La experiencia de vida que tiene es la del placer básico de ser alimentado cuando tiene hambre, de ser limpiado cuando está sucio, de ser arrullado cuando necesita afecto, de estar acompañado cuando está aprendiendo, de estar rodeado de mayores que están dispuestos a hacerle reír, a jugar con él, a hacerle pasar bien.

Él, por su parte, vive inmerso en un mundo donde hacer reír a los otros, es ser aceptado con entusiasmo, es ser centro de atención, es saberse satisfecho en sus necesidades y aun en sus caprichos. Vive bajo la capa de protección del adulto que sabe qué es lo que necesita, cuánto y cuándo lo necesita. Su vida de inocencia está en la experiencia plena de un mundo seguro, protegido, libre del odio, de la brutalidad del mundo externo. En su mundo el desconocimiento de la maldad que existe allá afuera de los muros de su casa es una bendición, es un estado idílico dentro del cual no tiene qué enfrentar la cruda realidad de las mezquindades con que nos tratamos, de las envidias, los rencores, las traiciones, los abusos de poder que nos infligimos los unos a los otros.

La destrucción de la inocencia de un niño es contundente cuando es el resultado de abuso sexual por parte de parientes, de personas de confianza, de representantes de autoridad. El niño confía en ellos porque percibe que son personas que le brindan seguridad y protección. Por lo tanto no entiende por qué el adulto lo quiere manosear, lo quiere besar, lo quiere forzar a que le haga cosas que no conoce por su inocencia ni comprende puesto que su sexualidad aún está dormida.

Cuando finalmente el niño se da cuenta del daño físico que la relación sexual forzada le ha causado, cuando se da cuenta que ha sido abusado porque el adulto tiene el poder, cuando se da cuenta que ha perdido algo que era muy suyo y que no estaba preparado para compartirlo con nadie todavía, cuando se da cuenta de que ha sido la víctima de un adulto abusador que se ha aprovechado de su niñez e inocencia, en ese momento su mundo interior se le derrumba. Pierde confianza en el adulto que le engaña, descubre que no puede ni debe confiar en ningún adulto so pena de caer en una situación similar que desea olvidar para siempre.

El niño abusado sexualmente a esa edad queda marcado de por vida. Algunos cargarán esa pesadilla como el escenario donde toda su existencia se da y no logran jamás salir del impacto que les destrozó su inocencia en mil pedazos en un rompecabezas imposible de armar. Otros lograrán procesar el evento como tal y de alguna manera lo pondrán en un pasado que no se puede cambiar pero que se puede re-interpretar en el presente cuantas veces sea necesario hasta que deje de tener el impacto original. Algunos, muy pocos, encontrarán en el mismo trauma, el resorte, la motivación y la razón para vivir como sobrevivientes dedicados a ayudar a otros abusados a superar su trauma y a crecer a la dimensión de su potencialidad.

También se maltrata la inocencia de un niño en otras dimensiones – cuando les llenamos la cabeza con cuentos de horror como el diablo, el infierno, el castigo eterno, un Dios alejado y furioso que siempre está acechando al hombre para ver cómo lo castiga. Sin saberlo o sin darnos cuenta del tremendo impacto repetimos estos 'cuentos', estas 'historias', estas 'creencias' que hemos recibido, en las que nos hemos criado como si fueran verdades indiscutibles, absolutas e inmodificables. Y al contarlas, con nuestra propia interpretación de lo recibido, creamos en la cabeza y en el alma de los niños unas imágenes de terror que los persiguen el resto de su niñez, de su adolescencia y algunos en su madurez hasta el momento que puedan ejercitar su consciencia crítica y puedan discernir entre lo que fue leyenda, mitos o pobres interpretaciones de unas creencias religiosas mal digeridas por sus padres, por sus profesores, por sus amigos, parientes y todos aquellos que de alguna manera se sienten con autoridad para contarlas.

La vida de por sí trae su carga de dolor, de amargura, de descarnada verdad de lo que son las debilidades de los hombres y su capacidad para infligir sufrimiento en los demás. Este descubrimiento se va experimentando con el solo oír y ver los comportamientos de los adultos que creen que los niños no se dan cuenta de lo que ellos dicen, de lo que hacen. Esta es una fase inevitable del proceso del crecimiento, muy diferente a cuando explícitamente se le hace daño a un niño maltratando su inocencia con cualquiera de los comportamientos mencionados. A ese más vale que 'le cuelguen la rueda de molino al cuello y lo arrojen al mar'.

El Sexo es bueno y necesario

No hay pulsión mayor dentro de nosotros que sea más primaria que el sexo.

El sexo fisiológico es ciego por instinto. Funciona en nosotros los hombres como un 'switch' automático. Tan pronto se reciben los estímulos correspondientes nuestro aparato sexual entra en acción inmediata y estamos listos para hacer uso del mismo, sin pensar dos veces en las consecuencias, con quién lo estamos disfrutando, ni las circunstancias que claman con fuerza que no se lleve a cabo el acto sexual porque no les conviene a ninguno de los dos.

El sexo masculino es automático en cuanto que puede funcionar en cualquier momento que se le presente como oportunidad para ejercitar ese instintivo dominio sobre la hembra. Impulso ciego que de hecho sostiene la continuidad de la especie.

El sexo físico es ciego porque como pulsión solo tiene una meta: liberar los miles, o millones de espermatozoides que tiene el hombre con la finalidad el encontrar el óvulo femenino y fertilizarlo. El sexo fisiológico no discrimina entre las potenciales hembras con que quien se ha de llevar el acto de apareamiento. Mientras los estímulos estén ahí, la respuesta biológica es casi garantizada.

Sin embargo, aunque esto es cierto y valedero para su realidad biológica, no lo es para su realidad humana.

He ahí la gran diferencia. En las plantas, en los animales, el sexo es por excelencia el mecanismo reproductor que perpetúa la especie. En el hombre, no es primordialmente esto. Por lo contrario, su objetivo primordial es la conquista de la hembra que se desea pero que no se puede poseer sin antes enamorarla hasta lograr su conquista. Esta visión respetuosa de la mujer excluye a los violadores que hacen uso de su potencial sexual para subyugar a la hembra antes que compartir con ella un momento de sublime intimidad.

Sexo masculino, sin amor, se agota en sí mismo. Fuera de los tres, cuatro hasta diez minutos de intenso placer que le proporcionan al hombre, el sexo en sí mismo es uno de los placeres más volátiles a los que él tiene acceso. Se gasta más energía, tiempo y ensoñación pensando en cómo será el encuentro sexual que lo que se invierte en sentir su intensidad.

Por eso mismo, el sexo tiene que tener un horizonte más amplio, más profundo, más duradero que los pocos minutos de explosiva intensidad. Para nosotros los hombres, que no experimentamos una maternidad biológica, esa dimensión no nos dice nada porque la paternidad sexual no se da. Los hombres experimentamos una paternidad psicológica, una paternidad afectiva nacida en el corazón mientras el bebé se gesta biológicamente en el vientre de su madre, y después cuando lo alzamos por primera vez en nuestros brazos y lo llamamos 'hijo mío'. Paternidad psicológica porque caemos en la cuenta de que, de alguna manera, nuestra vida se ha transformado y ya no está sólo en función de mi relación con mi pareja, sino en una relación de tres, o de cuatro o cinco cuando llegan más hijos.

El sexo masculino fisiológico, como pulsión, no cesa de actuar como tal porque la compañera esté esperando un bebé. No cesa ni se suspende cuando ha nacido el bebé. No se queda en suspenso porque hayan nacido dos o tres hijos más. Pulsión permanente, pulsión que no parece disminuir (por lo menos en la imaginación) a medida que pasan los años y se entra en la edad mayor cuando se supone que nuestro interés por esa pulsión ha disminuido. Lo que ha disminuido es quizá el nivel de agilidad física, de explosión apasionada, pero la pulsión sexual se mantiene viva, presente, continua y a veces aumentada por la imaginación que está constantemente creando encuentros imaginarios con mujeres ideales que no han de darse en la realidad.

Lo que varía con el transcurso del tiempo es la perspectiva que se tiene de la sexualidad. A medida que pasa el tiempo deja de tener como horizonte la primera conquista, la primera seducción. Una vez que se '*asienta cabeza*' y se establece una relación estable, a largo plazo llega la fase de consolidación de la relación, la profundización del Amor que ha ido creciendo en el vaivén de las vicisitudes de la vida.

Entonces el sexo se convierte en momentos privilegiados para solidificar la relación, darle cimientos duraderos, anclaje de profundidad, manifestación de estabilidad, signo de perpetuidad, expresión de un Amor que está presente en las buenas y en las malas. En ese momento el sexo se convierte en uno de los ingredientes indispensables para mantener '*pegada*' la relación con un vínculo siempre creciente. Es un sexo con menor pasión, quizá, menor fogosidad, pero ciertamente con mayor profundidad.

El sexo y la actividad sexual, se integran y se fusionan a medida que se adentra en la relación con la pareja, a medida que se comparten los momentos cumbres de la Vida con ella, con los hijos. Se convierte en el vehículo por excelencia que permite a los dos entregarse sin reserva para sentir que, al hacerse uno con el otro, en esa medida se está logrando la finalidad misma del sexo: expresar la unidad íntima y profunda de dos seres que se aman y lo expresan físicamente. Pero es en la medida de la unión de la mente y del Espíritu, que esta entrega se convierte en el lazo indisoluble de Amor.

Sexo sin amor es mecánica física sin más ganancia que los momentos de intenso placer. Bellos en sí mismos, pero insignificantes en la Vida si no se está anclado en algo más íntimo y vigoroso, como es el darse mutuamente para que ella reciba lo mejor de mí mismo y yo reciba lo más amoroso de ella. En ese momento el sexo cumple su más alto objetivo: que los dos, al convertirse uno en la carne, también se fusionen como unidad en el Espíritu. En ese momento estaremos reflejando lo divino que tenemos dentro que podemos expresarlo en la materialidad de nuestra fogosa y apasionada entrega, porque estaremos replicando la Unidad que distingue a nuestro Creador. Estaremos además convirtiéndonos en co-creadores con Él cuando participamos en ese inigualable milagro de hacer un nuevo ser a Su '*imagen y semejanza*'.

Sexualidad responsable: la más ausente de todas las responsabilidades

¿Por qué será que el fenómeno de la irresponsabilidad (especialmente la masculina) respecto de los hijos que se tienen sin ser planificados, sin ser deseados, sin ser buscados parece ser el más universal de todos los comportamientos masculinos?

Este fenómeno se dá independientemente de la cultura o época de la historia, nivel educativo o social en el que se haya nacido o se haya criado. Si el bebé no se desea; es el hombre quien toma la iniciativa y niega su paternidad cuando ella le anuncia el embarazo; es él quien sale esgrimiendo que no fue el primero en tener relaciones con ella, y que por lo tanto duda que ese bebé sea suyo. Es él quien con mayor frecuencia simplemente hace el acto de '*desaparición*' y no se le vuelve a ver, dejándole a ella la responsabilidad total del embarazo, del parto, de la crianza del bebé, del sustento, vestido, la atención médica y de su educación.

Es el hombre quien con mayor frecuencia, no contento con la mujer que ha escogido como esposa y con la que ya tiene uno, dos y hasta tres hijos; sin embargo, insatisfecho (él mismo no sabe por qué) seduce a otra mujer (a la que no le confiesa que ya está casado) y tiene con ella otros dos o tres hijos. Así se pasa el resto de su existencia terrenal dividiendo su tiempo en dos hogares al que ninguno puede sostener bien porque lo que gana de salario no alcanza para sostener una sola familia, mucho menos dos. Obviamente esta situación obliga a las dos mujeres a que tengan que trabajar denodadamente para ganar lo suficiente para cubrir los gastos normales que una familia de dos a tres hijos requiere.

Es por lo general el hombre el que se desliga de la responsabilidad de la crianza de los hijos, el que se ufana delante de sus conocidos en el trabajo, en el círculo de la bebeta de fin semana, de ser un 'semental puro' porque de nuevo tiene embarazada a su mujer. Además de demostrar su virilidad, según él, esa es la única forma de que la mujer no tenga tiempo para estar coqueteándole a otro hombre, o saliendo de su casa para 'hacer lo que no debe hacer'.

Por lo general, el hombre no reflexiona que los hijos no se deben concebir, ni traer al mundo en forma irracional. Este es uno de los actos más serios y de mayor responsabilidad que ha de hacer una pareja en toda su vida, pues exige que se reflexione fríamente en que la decisión de tener un hijo se haga en base al estado económico en que se encuentren, los gastos médicos que tendrán, la alimentación, vestido y la educación que se le ha a brindar a ese nuevo ser en el futuro. Estos no son pensamientos que el hombre tiene mientras está excitado, ni siquiera los contempla cuando está tranquilo. Su auto-imagen es la de ser un 'macho fértil' que demuestra su 'valor' como macho en la medida en que puede embarazar a su mujer o a otras mujeres, no en la medida que es responsable de la crianza de los hijos concebidos.

Por lo tanto, este tipo de hombre no considera siquiera que los hijos pueden, pero sobre todo, que deben ser planificados, deben ser deseados por su bienestar, y que deben ser buscados porque se les ama por anticipado. Para ellos la planificación es antinatural, un estorbo, un impedimento a su demostración de virilidad y por lo tanto debe ser evitada. Para este tipo de individuo la paternidad responsable no existe como concepto anterior a la concepción, mucho menos el considerar que puede tener un rol activo de *'padre expectante'* mientras ocurre el embarazo.

Responsabilizarse del mismo acto de la procreación es darse cuenta, es ser consciente de que ese mismo acto lo coloca en la corriente de la Creación misma pues, al ser participe directamente en la concepción de una nueva vida por medio de su sexualidad asume un rol protagónico en la evolución del género humano. Aunque es un hecho que se verifica a diario convirtiéndolo en algo rutinario para el hombre; sin embargo, es un privilegio y una responsabilidad de dimensiones cósmicas que la mayoría de los hombres no se ha percatado.

Enmarcado su poder procreador en este contexto, el hombre puede y debe definir su rol protagónico en la evolución como autor de la vida decidiendo conscientemente con cuántos hijos ha de contribuir para sostener la evolución de la especie. Pero no dejando este proceso al azar, a lo que la naturaleza física puede hacer. El hombre inconsciente lo viene haciendo desde que descubrió cómo ejercitar su pulsión sexual con la hembra. Por el contrario, el hombre consciente asume que tiene una responsabilidad, tanto individual como colectiva, que es la de conducir activamente la perpetuación de la especie, pero dirigiendo responsablemente el proceso, no entregándose a él en forma ciega sin definir cuál es su grado de participación en el mismo.

Cuando los hombres, como especie masculina, asumamos este rol evolutivo, en forma consciente, en ese momento comenzaremos realmente a tomar las riendas de nuestra propia evolución que nos corresponde como individuos pensantes, conscientes de nuestra propia realidad evolutiva.

La Infidelidad: la muerte de la relación conyugal

Hay dos tipos de infidelidad que ocurren en una relación conyugal.

La una es creada por circunstancias no previstas, no buscadas; es el producto del momento, del ambiente, del alcohol ingerido, del baile sensual, de la lejanía del hogar o del cónyuge. Ocurre en seminarios, eventos fuera de la ciudad, en fiestas donde fortuitamente uno de los dos cónyuges se encuentra sin el otro, y aparece aquel o aquella que '*de pronto*' llena los requisitos de la relación imaginaria que se ha pensado tantas veces pero que nunca se ha buscado. Este tipo de infidelidad no es un patrón de comportamiento, no es una búsqueda de substitución del que se ama, no es explorar una alternativa de compañero o compañera de vida. Es simplemente el producto de las circunstancias que no se manejaron con anticipación, que no se evitaron, que no se percibieron como conducentes a un comportamiento infiel. Estas caídas, estas situaciones no terminan necesariamente con la relación estable de la pareja. Pueden ponerla a prueba, pero no dan pie para que se dé una dramática separación, para terminar una relación que lleva años de cultivo, de paciente construcción.

Otra es la infidelidad que nace del amor que se ha agotado entre la pareja, que nace porque uno de los dos está cansado de las peleas continuas que el otro le ofrece como pan diario; que surge cuando uno de los dos se da cuenta, con claridad meridiana, de que el nivel de expectativa del otro de cómo debe comportarse va mas allá de lo que normalmente él o ella está dispuesto(a) a cambiar. La infidelidad se infiltra cuando uno de los dos, o los dos, han perdido el respeto del otro, cuando la relación no solo se manifiesta en continuas peleas verbales sino que llegan a la agresión psicológica o física. En ese momento se busca o se hace disponible a que, si aparece la persona que escuche y comprenda lo que está pasando, que complemente ese vacío, que ofrezca una luz en el túnel oscuro en el que se ha convertido su vida; en ese momento la infidelidad ocurre como una forma de escape, de salida o alivio al infierno que se está viviendo.

Cuando el patrón de comportamiento de uno de los dos cónyuges es el de buscar activamente el complemento de la relación con otra persona, en ese momento la infidelidad se ha introducido de lleno en la relación de la pareja y lo más probable es que ya no haya ninguna química que sostenga la relación original. La infidelidad le ha demostrado a uno de los dos, o a los dos lo imposible que es sostener lo que una vez fue. En ese momento es necesario re-valorar lo que se tiene para encontrar una solución que no afecte a los niños, si los hay, que no impacte al otro de tal forma que la separación llegue a ser un mar de amargura, de odio, de venganza, de rechazo absoluto.

Un divorcio a tiempo es menos dañino que una relación forzada

Muchas veces la relación de pareja se mantiene de manera forzada por las razones equivocadas: el qué dirán los papás, los compañeros de oficina, o los amigos; que es demasiado caro el tramitar el divorcio y no se tiene el dinero; que quizá, hay una esperanza, sin mucho fundamento, de que la relación se puede 'salvar' por alguna razón no clara o irrealista. Todos estos factores deben ser considerados seriamente porque cualquiera de ellos hace imposible salvar la relación de un inminente rompimiento

Mucho se puede debatir sobre la conveniencia o no de un divorcio. Se pueden esgrimir los argumentos del daño psicológico que le ha de causar a los niños, del periodo de inestabilidad que pasarán los ex-cónyuges, del impacto que este evento podrá tener en sus relaciones con los familiares, con el trabajo. Salvaguardando la verdad relativa de todos estos argumentos, el que prima, el que más peso tiene, es ¿cuál es el impacto que una relación forzada tendrá en los niños?

Ellos son los más afectados, psicológica y moralmente, cuando se los fuerza a convivir bajo el mismo techo con un padre que es un abusador, que llega borracho, los insulta, los amenaza, los golpea con frecuencia. Estos niños se crían en un clima permanente de miedo, de resentimiento, de ausencia de cariño y amor. No es de sorprenderse, pues, que se críen odiando a su padre, deseando que no vuelva, olvidándolo tan pronto se vaya de la casa o guardándole rencor por el resto de su vida.

El impacto en los niños es similar cuando uno de los dos cónyuges es dependiente de cualquier tipo de droga que lo lleva al maltrato físico o al desentenderse completamente de su cuidado. Cuando uno de ellos es un maleante con record policial y amistades del bajo mundo es común que pone en peligro físico constante a la pareja o a los niños. Cuando uno de los dos tiene un pasado de desequilibrio emocional que no fue plenamente superado fácilmente afecta el comportamiento que tiene con el compañero o con los niños.

La psicología de un niño es muy delicada. Cada una de las experiencias traumáticas de semejante calibre deja una huella profunda, difícil de sanar, difícil de superar; lo marcan para toda la vida. Lo hacen un amargado, un inseguro, o deja a la niña con una falta de confianza en sí misma, una víctima que va escoger probablemente un compañero que le dará el mismo trato abusivo porque en definitiva ese fue el modelo de padre o de madre con que se crió.

Lo que queda claro es que quienes primero y más a fondo sufren el impacto de una relación insostenible son los niños, y cuanto más jóvenes, más fuerte es el mismo. De ahí que, en razón de que esos niños inocentes no pidieron venir al mundo para vivir ese clima de tragedia, un divorcio a tiempo es mucho más sano para todos que una relación forzada. Una separación a tiempo, un divorcio en el momento preciso es una decisión de mucho menor impacto en todos, que el prolongar un infierno de tensión por el miedo al qué dirán, por el miedo de no obrar a tiempo y con asertividad, por temor de un castigo divino no claro y poco convincente. Una psicología maltratada, una personalidad distorsionada es como un árbol que una vez que crece torcido, es prácticamente imposible enderezarlo.

La química de piel, la chispa de la relación

A nadie se le pasa desapercibida la experiencia común de sentir un rechazo instantáneo, químico frente a una persona, un desconocido, o inclusive con alguien que creía conocer. Es algo inevitable. Se siente una energía que repele al otro, sin haber siquiera una razón consciente. Simplemente ocurre. La solemos llamar 'rechazo de química y piel".

¿Por qué se da este rechazo?

Difícil precisarlo. Simplemente ocurre y uno lo vive, lo experimenta, lo evidencia, aunque no pueda realmente explicar el por qué. Sencillamente se da. Y porque se da así de espontánea y de incontrolablemente salta la duda de si son simples caprichos míos, si me he vuelto extra-exigente, o si más bien me he vuelto súper-sensible a las diferentes psicologías de los demás.

Probablemente algunas o todas las razones anteriores se combinan. Pero independientemente de ese factor, lo importante es la atención que le pongamos a ese aviso que la Vida nos da. El rechazo puede ser mutuo, puede ser solo mío por esa persona. Lo cierto es que se ha alumbrado un bombillo rojo que le está avisando a alguno de los dos que dicho contacto, que dicha relación no tiene presente, mucho menos tiene futuro. La compatibilidad primaria de química y piel es la que inicia una relación que puede llegar a la intimidad, la que crea la magia de la atracción y ofrece la chispa que prende la vela que sostiene la relación. Sin ella es mejor no intentar la relación.

Poner atención a este aviso es de sabios. Hay relaciones que nunca deben existir porque terminan siendo un forcejeo de personalidades, un combate de voluntades, o peor un encontrón de rechazos, cuando no es una batalla campal de odios acumulados.

Hay pocas opciones frente a este tipo de relación. La más simple, pero siempre la más fácil, es sencillamente alejarse de esa persona, cortar por lo sano el contacto con ella, no tratarla. Si esto no es posible porque es alguien con quien tengo que trabajar o quien tengo que tener un contacto constante, que la cortesía prime y el nivel de trato sólo sea funcional, no personal. Mantener la relación a ese nivel primario de funcionalidad laboral o de relación impersonal permite evitar los roces que se convierten en motivo de abierto o silencioso rechazo, listos a explotar en el momento menos esperado.

Otra forma de lidiar con ese tipo de individuo (lo que exige un peldaño de sacrificio), es descubrir en dicha persona una cualidad (siempre la hay), que yo no la tengo, y admirar a esa persona por dicha cualidad. Concentrarse en dicha cualidad puede, con paciencia, llegar eventualmente a la aceptación de esa persona. Pero esto requiere nobleza de carácter, desprendimiento de mi rechazo primario respecto de esa persona. Nada se pierde con intentarlo y hasta sorpresas se descubren sobre uno mismo.

'Soy como soy y nadie me va a cambiar'

Cuántas veces no hemos oído esta frase en boca de aquel que proclama que él, de alguna forma, está exento de hacer un esfuerzo por mejorar su carácter, su personalidad; está por encima de las leyes de la evolución interior.

Su racional es apodíctico. Se ha percibido que es como es, y que por lo tanto así es como deben aceptarlo los demás, independientemente de cuán molesto, cuán odioso sea para los que lo rodean. Es el caso del alcohólico que no desea modificar su dependencia, que exige que se le acepte como tal porque así es él, y porque de alguna manera confirma que no quiere, ni tiene la intención de cambiar. O lo aceptan como es, o no lo aceptan. De parte suya no hay razón para revisarse, para auto-evaluar su dependencia, para analizar si de alguna manera su forma de ser, que quiere que sea aceptada por todos sin cuestionarla, tiene un impacto negativo, un impacto nocivo en los más allegados, en los parientes, en los amigos.

Eso no cuenta porque para este individuo lo que prima, en primera instancia es él, es su personalidad, su ego que está por encima de los demás. Ellos tienen que someterse a su definición de quien es él y están obligados a aceptarlo así, sin exigirle nada, sin reflexionarle nada, sin exponerle cómo su forma de ser apabulla, hiere y maltrata a los demás.

Este tipo de sujeto también requiere un trato de lejos, pues aunque pueda ser simpático en un primer momento, su repelente y exigente forma de ser termina alienándolo de cualquiera que quisiera ser su amigo. Una lástima porque se queda solo. Intentar mantener una relación con este tipo de persona está abocada al fracaso. Nadie se aguanta a otra persona que exige que se le acepte como es, mientras que no admite que su forma de ser es impotable, es un tormento, es motivo de rechazo porque no solo es pesado, sino fastidioso, especialmente cuando exige que lo acepten con su forma displicente de ser, con su carácter agrio, con su odiosa personalidad.

Todos nos forjamos nuestras amistades en la medida que compartirnos con ellas nuestras vidas. Nadie se anima a compartir con aquel cuyo punto de entrada en la amistad es una exigencia de aceptarlo con su intolerable manera de ser. Mantenerse alejado de esta clase de individuo es evitarse un sin número de dolores de cabeza.

La Amistad: el tesoro invaluable

Quien diga que tiene cientos de amigos no tiene idea de lo que es la Amistad, de lo que es un amigo de verdad. Los cientos aducidos son apenas nombres que aparecen en el collar de fotos y listas abultadas de Facebook.

Amigos del corazón, amigos sinceros, amigos que están allí para apoyarlo a uno en el momento en que más lo necesita, son pocos, contados en los dedos de las manos.

¿Por qué? Porque la amistad sincera, de fondo, para toda una vida no se consigue de la noche a la mañana, no nace en el bar, en el juego de naipes, en la aventura infiel, en la picardía pesada, ni en el compartir la droga prohibida. Esos son conocidos de juerga, aduladores que buscan compañía para hacer aquello que ellos mismos no deben estar haciendo,

El conocido que siempre está dispuesto a acompañarte mientras lo invites a beber 'unos traguitos', el que no le interesa hablar de nada serio, el que siempre está dispuesto a criticar a los demás que no están presentes, el que solo ve lo negativo de la vida y de los otros, ese no es un amigo; es un aprovechado que no pierde oportunidad para gastar tu plata y tu tiempo mientras despedaza a quienes no pueden defenderse porque no se encuentran presentes. Cuídate de él que hará otro tanto contigo cuando no estés presente.

La amistad no se compra. Lo que se compra es una compañía pasajera que dura lo que dura aquello con que la has comprado: la fiesta, la música, el baile, el trago, el paseo, los regalos. La amistad se comparte. La amistad se cultiva. La amistad nace y se fortalece en el compartir secretos que se guardan para siempre, en apoyarnos cuando las debilidades nos apabullan, en darnos la mano para que nos levantemos cuando hemos caído.

Esa amistad es un tesoro que no tiene precio. Es una riqueza que no se puede medir, mucho menos comprar. Es lo que nos hace millonarios en el afecto, en el apoyo y en la fidelidad. Quien encuentra una amistad la cultiva hasta el último momento. No la deja perder porque es consciente de que no la puede encontrar como articulo de supermercado. Quien tiene una amistad de ese calibre tiene un tesoro en el banco de lo importante en la Vida al que no se le puede poner precio porque no hay como comprarlo. Se tiene la amistad y se es millonario.

La Amistad no conoce distancia ni tiempo. Pueden pasar 20-30 años sin ver al amigo que en el siguiente encuentro los dos comienzan a hablar como si se hubiesen visto el día anterior. Los buenos recuerdos son los que perduran. Los momentos íntimos son los que se recuerdan. La presencia del otro es la que se aprecia. La risa franca y sincera es la que se busca y los rasgos de su personalidad que más te capturaron son los que florecen de nuevo frescos, como el primer día. Estos encuentros son aún más fuertes que los diarios, más anudadores de esos vínculos que unos días o décadas atrás se comenzaron. Esa amistad que perdura en el tiempo es el tesoro de lo mejor que tenemos para compartir con lo demás. No la dejemos perder por negligencia, no la abandonemos por la separación, no la perdamos porque es un tesoro que no tiene precio, menos cuando le hemos reconocido su valor.

La Traición: el puñal que hiere el alma

Si la Amistad es lo que es, si es el tesoro de los tesoros, no es de extrañarse que sea también lo que más duele cuando se es traicionado en la misma. La traición del amigo que se creía tener es un puñal que entra al fondo del alma y hace el daño que no lo hace ninguna otra afrenta.

Saberse traicionado por aquel a quien le habías contado lo más íntimo de ti mismo con la confianza de que el secreto estaba en buenas manos y que sería respetado y cuidado es un dolor que deja un abismo de sombra dentro del alma. A veces ni la pérdida de un ser querido deja una huella tan honda y dolorosa como la traición del que llamábamos 'amigo del alma'.

Lo más difícil de la traición de la amistad es perdonar, porque aun perdonando la ofensa, no se puede restaurar el mismo nivel de confianza que se había cimentado antes de la traición. Se podrá perdonar, pero la herida tardará en cerrarse. Esta quedará abierta, sangrando, por mucho tiempo antes que el bálsamo del olvido y el tiempo se encarguen de sanarla, aunque lo más probable es que quedará una cicatriz que será el recordatorio perenne de lo ocurrido, la advertencia de no volver a confiar ciento por ciento en ningún otro amigo. Una lástima porque sin amistad la Vida se vuelve una lucha en la jungla de la desconfianza perdiéndose el goce que dicha confianza produce.

Respetar a los demás, es ganarse el respeto de ellos por uno

Hay derechos que nos hemos ganado con el solo nacer como hombres y mujeres. Estos derechos nos vienen desde el origen de nuestra creación. Son la dote y la herencia que nos regaló el Creador en el momento en que fuimos concebidos.

Sin embargo, no los hemos reconocido ni le hemos dado el estatus social y legal que estos derechos requieren para ser respetados. Ha sido un largo camino en la consciencia de la humanidad para que algunos de estos derechos hayan sido reconocidos como inherentes a nuestra humanidad por el solo hecho de haber nacido dentro de la raza humana.

Uno de ellos, que por miles de años no tuvo reconocimiento, fue el que nadie tiene otorgado el poder de esclavizar a otro por el solo hecho de tener el poder para ejercerlo. La historia está plagada de documentación indiscutible que ésta fue la forma de relacionarse tribu con tribu, ciudad con ciudad, estado con estado, imperio con imperio. No hay civilización anterior al siglo XX que no haya hecho esclavos a los conquistados. Era la forma *'natural, normal'* de proceder. El triunfador tenía derecho a los despojos de la guerra; entre ellos, la vida de los conquistados que eran convertidos en esclavos mientras durara el reinado del conquistador.

Hoy reconocemos que es un derecho inalienable. Que nadie tiene el poder de hacer esclavo a nadie, aunque soterradamente se lleve a cabo, se *'modernice'* la forma de llevarlo a cabo y como resultado se manifieste hoy con el eufemismo de *'tráfico de personas'*. Legalmente y oficialmente la esclavitud ha sido declarada inaceptable en la raza humana porque hemos llegado al momento en que es intolerable, inaceptable que a alguien se le convierta en sirviente absoluto, sin derechos, de otra persona.

Mientras no aceptemos que el Otro, independientemente de su color de piel, de su color de ojos, de su textura del cabello, de su estatura, de su corpulencia, es igual a nosotros no es posible pensar en que tiene iguales derechos que los que yo defiendo a capa y espada porque los considero que son míos, propios, por el solo hecho de ser humano.

Todo humano, por el hecho de ser hombre/mujer, tiene derechos iguales. Lo que nos falta es la consciencia del respeto que hemos de tener por los derechos de los demás. Encontramos mil y una justificación – cultural, religiosa, sociológica, psicológica, histórica para negarle los derechos a ciertos grupos humanos, pues el prejuicio sobre el cual hemos armado dicha justificación es más fuerte que el hecho de ser humano, que es igual a mí.

Mientras este derecho universal no sea reconocido universalmente es muy difícil poder aceptar que los otros, que los vecinos, que los demás allá de mis fronteras puedan tener los mismos derechos que yo he conseguido para los míos. Derechos humanos son derechos humanos, independientemente de quién sea el humano, dónde viva, en qué cultura se ha criado, cuán diferente pueda ser en apariencia de la que yo tengo. Mientras sea un miembro de la raza humana tiene los mismos derechos que yo alego tener. Y si afirmo tenerlos, igualmente los tienen ellos. Por lo tanto el respeto que exijo de mis derechos es el mismo respeto que debo tener con los derechos de los demás.

Cuando este respeto no se da, lo más probable es porque estoy amparado en tradiciones, en leyes, en justificaciones milenarias que me han hecho creer que el que tiene el color de piel diferente al mío, que el que habla un idioma que no entiendo, que el que se viste y come diferente a como yo lo hago es un ser inferior, menos culto, digno de tenerlo a distancia o en el peor de los casos merecedor de mi rechazo, de mi desprecio.

Dar es recibir

Una de las leyes de la Vida de mayor contradicción es la que afirma que *'dar es recibir'*. El instinto, la tenacidad del Ego dice totalmente lo contrario. Quiero esto para mi, esto es mío, esto no lo comparto con nadie, esto que me costó tanto conseguir es para mí disfrute solamente, nada de lo que he obtenido con tanto sacrificio es para compartir con nadie pues nadie está dispuesto a compartir conmigo lo que ellos tienen. ¿Por qué entonces tengo yo que compartir con ellos lo que tengo?

Nadie me ha dado nada de lo que me he ganado con el sudor de mi frente. ¿Por qué he de tener que compartir con alguien lo que ellos mismos no quieren adquirir con el mismo esfuerzo? Quien quiera tener algo, que se esfuerce por conseguirlo, que trabaje para obtenerlo... Esa es la ley de la Vida: tiene el que trabaja, el vago no tiene nada y tampoco tiene el derecho para pedir si no quiere hacer el esfuerzo por conseguirlo.

Con esta lógica impecable, la conclusión es evidente. No hay para que dar nada, menos a aquellos que no están dispuestos a conseguir lo mismo con su propio esfuerzo. Además son unos desagradecidos que cuando se les da algo, ni gracias dan, por el contrario piden que se les dé más porque, según ellos, tienen derecho a más. Los que tienen suficiente afirman que lo que se da gratis no es apreciado por quienes lo reciben. Por lo tanto, no hay que acostumbrar a los que no tienen a que pueden pedir todo el tiempo a los que tienen porque ellos *'están obligados'* a darles. Una vez que se les da algo tan solo sirve como motivo de queja, de crítica porque lo ofrecido no llena sus expectativas.

Sin embargo, la Ley del Universo es más generosa que todos los argumentos expuestos en contra del dar. Si das, recibes --- es lo que esta Ley dice.

¿Por qué?

Por el misterio de la abundancia, la justicia y el amor. Desglosemos lo que quiero decir. Vivimos en un esquema consumista con el telón de fondo que dice en letras Mayúsculas: no hay suficiente para todos, así que aprovecha y gasta, usa todo lo que puedas echarle mano. Y bajo ese espectro se vive en el frenesí de que si no consumo ahora después no habrá suficiente para todos.

Esto es verdad dentro del esquema del consumo irracional, del consumo por el consumo, del consumo de todo, aunque no lo necesite, aunque no lo requiera para tener un decoroso nivel de vida. En ese esquema mezquino no es posible que todo alcance para todos y que lo que más deseamos tener y consumir posiblemente se acabe muy pronto.

Esto es verdadero cuando no se cae en cuenta, cuando no se acepta que el dar y el compartir es lo que permite que todo alcance para todos. No se agotará porque siempre que comparto, mientras doy generosamente lo que otros necesitan, alguien, en el momento menos esperado, comparte conmigo lo que más necesito, aun cuando él tenga que sacrificarse. Solo haciendo la prueba se puede verificar esta Ley Universal de Retorno.

Quien no comparte, quien no aprende a dar, quien no se goza viendo al otro feliz porque le ha ofrecido lo que necesita, no puede experimentar que dicha Ley jamás se agota, jamás falla. Quien da, Recibe; y recibe con abundancia.

Abundancia es la esencia de la Creación. Por donde quiera que mires, cualquier cosa que observes, sean flores, insectos, nubes, montañas, mares, árboles, pájaros, mamíferos lo que puedes verificar es que la Vida es una fuente increíble de abundancia de seres, de objetos. Aún no tenemos inventariados todos los insectos que existen, y cuando hemos logrado inventariar una especie, aparecen dos más.

Quien no cree en la Abundancia que existe en la creación vive en la pobreza de que no hay suficiente para todos, por lo tanto es necesario acaparar, acumular, reservar, evitar que otros tengan acceso. Viven en la angustia y el temor de que no tendrán lo suficiente para mañana, para pasado mañana. Viven en permanente desasosiego de que les va a faltar y por lo tanto no tienen paz, no tienen alegría. Ese es el espíritu, actitud y prisión de los protagonistas del programa de televisión norteamericana que estaba en boga en el 2013, *Los Acaparadores* (The Hoarders).

La Justicia, que podemos definir con meridiana claridad, ayuda también a introducir un balance entre los que quieren tenerlo todo para ellos solos y los que prácticamente no tienen acceso ni a lo básico para sobrevivir. Pero la Justicia requiere de un aparato, de una organización que pueda llevar a cabo dicho equilibrio, sea a través de leyes, de sanciones, de premios o de castigos. Sin embargo, esta forma de conseguir que el compartir y el dar sean puestos en práctica no logra el propósito que la libre y espontánea forma de dar sí obtiene. La primera respuesta nace de la obligación, la segunda del deseo de ayudar, apoyar, compartir. Una motivación mucho más potente y creadora.

Quien da y comparte en último término está ejerciendo el objetivo y razón de ser del Amor, pues éste en esencia, es salir de sí mismo, es darse, es compartir, es hacerse uno con el Otro. Porque ésta es la dinámica que lo anima, por eso mismo se le retorna en abundancia porque nada satisface más que el devolver a quien tan libremente quiso compartir conmigo. Bajo esa dinámica siempre habrá alguien que quiera compartir contigo lo que él tiene.

Resentimientos y Perdón

¡Qué paradoja tiene la Vida! Si uno no perdona, no se puede liberar del peso, la amargura y la zozobra que uno siente que lo asfixian.

¿La razón?

Muy sencilla. Quien no perdona, quien no quiere perdonar al que lo ofendió, alberga en lo más intimo un resentimiento, un deseo de venganza, de retribución que lo consume mientras no logra expresarlo, mientras no consigue que el ofensor sienta el peso de la ofensa como la estoy experimentando en ese instante. La vida entera, la razón de existir se convierte en buscar que el Otro sienta lo que estoy sintiendo, que acepte su culpabilidad y que de alguna manera pague por su falta.

Para conseguirlo, me paso las horas maquinando cómo lograr mi propósito, cómo hacerle sentir lo que estoy sintiendo, cómo logro que pague lo que me hizo, que reconozca su culpa y que me pida disculpas, que me haga una reparación que me deje satisfecho.

Mientras logro ese objetivo todas las fuerzas síquicas, toda la creatividad, toda la motivación van encaminadas a lograr ese propósito de venganza, de justicia a raja tabla. La vida se transforma en un estadio de amargura permanente que me carcome mientras no logre el objetivo propuesto. El deseo de venganza se torna en obsesión y hasta que no esté satisfecho no puedo pensar en otra cosa que me haga feliz, no puedo disfrutar de los sanos placeres que me brinda la Vida porque siempre los estoy filtrando a través de estos lentes de venganza.

De ahí que el resentimiento no solo afecta la salud, pues hasta el hígado se resiente cuando se odia así, sino que además se destruye el espíritu lentamente. El espíritu como el cuerpo, resiste hasta un límite y de ahí para adelante comienza su paulatino deterioro hasta su ocultamiento total. La faz del que odia se torna en una mueca de amargura que es el reflejo de su espíritu encogido más allá del reconocimiento..

El perdón libera íntimamente al que está prisionero de su amargura de venganza, de su sed de justicia. Lo logra cuando cae en cuenta que el no-perdonar es precisamente lo que lo que está consumiendo. El deseo de venganza quita la alegría de vivir, y anula la capacidad de gozar con las cosas sencillas y los eventos agradables que tiene el diario vivir. El que no perdona, odia. El que odia, se consume en rabia y en sensación de impotencia hasta que logre hacer sufrir al que lo hirió. Y aun así, en ese momento le quedará el vacio de haber conseguido hacer sentir al Otro algo del dolor que está experimentando, pero aun así no podrá sentir la paz que brinda el perdón.

La paradoja de esta situación es que el odiado puede vivir sin percatarse, en ningún momento, del resentimiento que le tengo y por lo tanto vive en paz mientras yo me consumo en el odio, en la sed de venganza que me posee.

Cuando se perdona se acepta el dolor y la dimensión del daño recibido. No hay que ser ingenuos y pretender que no se dan. Pero porque tengo libertad de elección puedo optar cómo voy a sentirme respecto de lo sufrido, cómo voy a procesar mis sentimientos negativos para que estos no me controlen, cómo les voy a dar cauce positivo que los transforme de odio en paz interna porque he perdonado y he puesto lo sufrido en la balanza de la Justicia Cósmica. Esto se puede hacer porque se tiene la certeza de que la Vida siempre se encarga de retribuir al Ofensor con algo similar o más fuerte que lo que fue su ofensa.

Quien perdona se libra del peso y la amargura de tener que buscar la forma de hacerle daño al Ofensor. Por el contrario, quien no perdona cargará diariamente el resentimiento de que aún no le ha hecho sentir al Ofensor el peso y el daño que su ofensa le causó. Quien perdona se quita de encima la cruz de una Justicia mal aplicada y la reemplaza por la Fe que la balanza de la Justicia siempre ha de llegar. El perdón libera el corazón, la mente y el espíritu de la cadena del odio, del resentimiento dando paz y bienestar físico.

Libertad de elección – consecuencias con responsabilidad

Hablar de perdón, es necesariamente hablar de libertad de elección. Quien perdone en forma obligada podrá haber dicho '*pido perdón*', pero no habrá expresado lo que esas palabras significan. Perdón verdadero requiere ser consciente de que se está haciendo la elección libre de perdonar. Se perdona porque se quiere perdonar. Se perdona cuando se elige perdonar, no cuando lo fuerzan a uno a decirlo.

Tenemos la capacidad y de hecho podemos hacer actos libres, independientemente de los condicionamientos con que nos criamos que nos impiden ver con claridad las consecuencias de nuestros actos. Esta capacidad la ejercitamos plenamente cuando hacemos actos libres de perdón porque son estos los que más obligan al '*Yo-egoísmo*' a hacer precisamente lo opuesto a lo que a él más le gusta: ser el centro de atención, ser el que tiene la razón, y al que tienen que rendirle pleitesía.

Esta capacidad de ejercer actos libres es una de las características que nos hace humanos. Sin libertad no somos humanos, no nos diferenciaríamos de las especies más próximas a nosotros a pesar de la cercanía genética que compartimos. La libertad para elegir nos permite expresar lo mejor de nosotros mismos cuando hacemos opciones que van en beneficio de los demás, en el apoyo y en el crecimiento de los otros. La libertad ejercida de esta forma estimula a que ellos, a su vez, también expresen libremente lo mejor que tienen de sí mismos y brinden el apoyo al desarrollo de los demás.

Paradójicamente, la libertad para elegir nos permite expresar lo peor de nosotros mismos, pues cuando hacemos elecciones que van en detrimento personal, en hacerle daño consciente o inconsciente a otros, es cuando expresamos lo peor de quienes somos haciendo verdad el dicho anónimo que afirma, "*El hombre es el más bestia de todos los animales*'.

Cuando hacemos este tipo de elecciones, usamos la libertad humana para no crecer porque todo acto libre que nos rebaje en nuestra dignidad de lo mejor de nosotros mismos simplemente nos impide desarrollar las cualidades, las potencialidades que todos tenemos de ser mejores, de superarnos, de brillar en el ámbito de los valores humanos, de la creatividad, de la generosidad, del compartir y dar, de crecer interiormente hasta alcanzar la estatura de verdaderos Espíritus encarnados, como la realidad última que somos.

La libertad humana nos da la opción de tomar las riendas de nuestra evolución intelectual, creativa, ética, social y moral. Esta es la verdadera y auténtica meta de la razón por la cual tenemos esta formidable potencialidad. Porque cada acto libre que elegimos tiene consecuencias, buenas o malas pero siempre tiene consecuencias. El darnos cuenta de esta intrínseca relación nos permite afirmar que somos responsables de dichas consecuencias por el solo hecho de ejercitar el poder formidable de elegir.

El gran engaño consiste en hacernos los ciegos y pretender que mis elecciones no tienen consecuencias, porque me escondo en una de las frases que los programas de televisión y el cine actual han puesto de moda: *"Es que no tenia elección"*, *"Es que estaba forzado a hacer lo que hice"*. *"Es que no me dieron más alternativa"*. Probablemente todas esas excusas tienen algo de verdad, pero siempre se tiene la posibilidad de no ceder a lo que me están presionando, sabiendo de antemano que al poner oposición, esa elección libre va a atraer consecuencias, probablemente desagradables (amenazas), dolorosas (golpiza), aun trágicas (daño hecho a un ser querido) o peor, fatales (correr el riesgo de ser muerto). No aceptar estas consecuencias y ceder porque *'no tenia opción'* es el auto-engaño de no asumir la responsabilidad de la elección correcta.

La libertad auténtica asume la responsabilidad de las consecuencias, a sabiendas y consciente de cuales son dichas consecuencias. Si no fuera así, no puede haber progreso, no puede haber riesgo sano, no puede haber confianza en el futuro, no puede haber margen de error.

El aceptar las consecuencias de nuestros actos libres es la forma más clara de asumir las riendas de nuestra propia evolución, individual y colectiva. Individual porque en dichas elecciones me defino como la persona ética y moral que quiero ser, o me dejo llevar por las presiones del qué dirán, la necesidad de ser aceptado en el grupo, la conformidad a una norma claramente injusta, a la instauración de una práctica inmoral o ilegal como la de pagar por debajo de la mesa una comisión para que procesen mi solicitud por encima de las demás que están esperando turno. Colectivamente cuando se acepta que lo que está mal hecho se siga haciendo porque eso le 'conviene' al funcionamiento de la organización, como es la mordida dada por la mayoría a la policía de tránsito para evitar que le pongan una multa, bajo el pretexto de que su sueldo es tan malo que ésta 'mordida' se convierte en una 'ayuda' salarial. En ese momento las decisiones colectivas se imponen como aceptables aunque sean claramente inmorales.

La libertad no asumida crea las condiciones de miseria, de sufrimiento, de opresión, de destrucción porque quien termina dictaminando qué es lo que conviene o no a la mayoría es el grupo, es la organización que tantas veces está montada para satisfacer los caprichos, las ambiciones de los que detectan el poder.

Somos nosotros los que estamos llamados, destinados a convertir este mundo en un lugar mínimamente pacifico, mínimamente agradable de manera que podamos expresar lo mejor de nosotros mismos en un progresivo crecimiento en la dimensión que verdaderamente nos hace grandes, la dimensión de nuestro espíritu que se refleja extraordinariamente brillante en cada acto libre que tomamos para el crecimiento personal y de los que nos rodean.

Igualdad del hombre y la mujer

Son tantos los miles de años que han pasado en los que las mujeres vivieron en organizaciones sociales patriarcales como la tribu, la aldea, el reinado, la ciudad-estado, el país, que, nosotros los hombres, crecimos con la idea sembrada en el intelecto y en el corazón de que la mujer estaba *naturalmente* sometida al hombre. Adicionalmente, la explicación milenaria judeo-cristiana del origen de la mujer hecha de una costilla de Adán la subordinó a él desde el momento de su creación. En las culturas de otros países, similares explicaciones míticas y semi-religiosas describieron escenarios parecidos de subordinación de la mujer al hombre al ser creadas. De ahí que hayamos crecido con la actitud, validada por la religión y por la cultura, de que la mujer era un ser débil, inferior, sin la misma inteligencia que el hombre y sin los mismos derechos que ellos gozaban.

Con este marco de referencia enseñado a miles de generaciones de hombres en múltiples culturas que han pasado en los últimos 6.000 años de historia registrada no es de extrañarse, que se haya vuelto tan común, tan 'natural' que el hombre piense que es 'normal' que las mujeres son inferiores a él y deben estar sometidas a su voluntad. Según la tradición se las debe proteger y respetar, pero al mismo tiempo había que mantenerlas subyugadas en todo lo que los hombres consideraban que ellas deberían obedecer en silencio y sin cuestionar lo decretado.

De ahí pasar a considerar que ellas pudieran o debieran participar en la vida económica, en la vida cívica, en el gobierno, en la educación, en la investigación, en los negocios, en la dirección de la vida religiosa, en los foros internacionales del país, era un pensamiento no solo foráneo, sino simplemente inconcebible en un hombre que se jactara de su rol masculino en la sociedad antes del siglo XX.

¿Cuándo comienza este cambio tan radical, que no solo hoy día tenemos mujeres presidentes de varios países, sino que se las encuentra básicamente en todos los ámbitos del quehacer humano cuando antes se los reservaba exclusivamente a los hombres?

Este cambio comienza lento, supremamente lento, y quizá su manifestación pública más significativa fue el triunfo que lograron las mujeres en E.U en 1920 cuando obtuvieron el derecho de votar con la Enmienda 19 de su Constitución. El voto era un derecho exclusivo reservado a los hombres, inusitado que fuera extensivo a las mujeres, seres inferiores que no podían entender los pormenores de algo tan complejo y complicado como la política. Sin embargo, en menos de 93 años no quedaban en el mundo, en el 2013, sino 4 países (musulmanes del medio oriente) que aún negaban dicho derecho civil a las mujeres. Estos países musulmanes están caracterizados por ser también los más retrógrados y extremistas en cuanto a la interpretación del rol social que la mujer puede o no tener. En algunos de ellos, la mujer sólo puede aparecer en público si está cubierta por el 'burka' de la cabeza a los pies, y acompañada por un hombre, familiar de ellas.

Es increíble cuántos siglos fuimos ciegos los hombres en no-reconocer el potencial igual, o mayor que las mujeres tienen para llevar a cabo prácticamente todo lo que creíamos que solo nosotros los hombres podíamos hacer y por eso nos abrogábamos el derecho exclusivo de ser los únicos que podíamos llevarlo a cabo. Basta con ver las mujeres en trabajos pesados de construcción manejando vehículos de enormes proporciones, mujeres en los laboratorios llevando a cabo experimentos cuyos resultados no solo son revolucionarios sino que son publicados y reconocidos públicamente. Hay mujeres que son profesionales en áreas que antes eran reservadas exclusivamente a los hombres tales como la abogacía, la medicina, la arquitectura, la ingeniería, la construcción, el trabajo en las fábricas de equipo pesado. Igualmente se las ha visto incursionar y triunfar en las artes plásticas, en la música, en el teatro, en el cine. Su presencia y aporte se siente en carreras sociales como la psicología, la enseñanza en la primaria y la secundaria, en la investigación biológica, en el medio ambiente. La mujer ha dado muestras claras de que entiende los vericuetos de la economía, los enredos de la política, y las dinámicas de las relaciones sociales para demostrar que si pueden ser alcaldesas, gobernadoras, jueces, inversionistas de la banca y de bolsa de valores, y directoras de corporaciones o pequeños negocios.

El máximo donde las mujeres han demostrado al hombre que pueden competir con él y hasta ganarle es su participación en los deportes extremos en los que los hombres supuestamente eran los únicos capaces de ejercerlos. Algunos de los más extremos están las carreras de autos, los deportes olímpicos de mucha fuerza física tales como la natación, el levantamiento de pesas, el lanzamiento de jabalina o disco, el salto de garrocha, las carreras de los 400 y 800 metros o la prueba del Triatlón.

Ellas no se han quedado atrás en hacer proezas que muchos hombres ni siquiera han intentado. Tenemos el caso de Ellen MacArthur quien obtuvo el título de haber sido la primera mujer que hizo la travesía sola por el Atlántico desde Plymouth a Newport en dirección este a oeste (Julio 2000) en 14 días y 23 horas en un bote de vela tipo Monohull; o la nadadora de 64 años, Diana Nyad, quien cruzó los Florida Straits desde Cuba hasta los Callos de la Florida en Septiembre 9, 2013 nadando 177 kms durante 53 horas sin jaula de protección contra los tiburones. También está el ejemplo extraordinario de Hellen Keller, que después de una crisis de meningitis a los 19 meses de edad quedó sorda y ciega. Gracias a Anne Sullivan, su profesora personal, aprendió a hablar usando el método Tadoma, después con el sistema Braille le permitió aprender a leer francés, alemán, griego, y latín. Hellen se graduó "con Honores" de la Universidad de Radcliffe, siendo la primera persona sordo-ciega en obtener una Licenciatura en Arte así como la primera persona sordo-ciega que había entrado en una Universidad norteamericana. En 1915, fundó el "Hellen Keller International", una organización sin fines de lucro para la prevención y tratamiento de la ceguera. (1)

Quizá el último recinto que le hacía falta a la mujer entrar, que era el área exclusiva del hombre, fue la de convertirse en combatiente de campo como miembro del ejército regular. De ahí que el ejército norteamericano ha tenido mujeres combatientes en Iraq y Afganistán, algunas dando su vida por combatir hombro a hombro con sus colegas los hombres. Paso discutible porque ellas no tienen que *convertirse en hombres* para probar que pueden hacer lo mismo que ellos y menos en un área tan controvertible como es ir a combatir sabiendo que el matar 'al enemigo' es lo esperado, pues para eso es que ha sido entrenada.

De algo podemos estar seguros, si la mujer no logra insertarse en todo el ámbito de la actividad humana (a excepción de la guerra cuya consecuencia es la destrucción de la vida, lo que es intrínsecamente contrario a la esencia femenina de ser el Altar de la Vida), la humanidad como tal no puede progresar. El rol protagónico que la mujer ha demostrado que de hecho tiene en la construcción del mundo está más que comprobado. El listado de todos sus triunfos en todas las aéreas del saber es la mejor prueba de que ella ha comenzado a ser verdaderamente partícipe en la construcción del futuro.

Estudios serios avalan que las mujeres que económicamente emprenden una micro-empresa y reciben la ayuda suficiente para triunfar, que estas mujeres pronto se convierten en uno de los pilares de la economía de un país. Ellas, en su conjunto, logran generar sumas significativas que les da la independencia económica que necesitan para responder a las necesidades de la familia, especialmente cuando el hombre, procreador irresponsable, no aporta nada para el sustento y crecimiento de los niños. Pero, para esto ocurra es necesario brindarles el apoyo inicial para que puedan triunfar en su pequeña empresa. La mujer que recibe educación igualmente termina siendo un factor del crecimiento económico de un país porque ella, como mano de obra calificada, puede producir mercancía de calidad que es bien pagada precisamente porque tiene calidad. Además, porque si se ha educado, ella como educadora primaria de sus hijos, les podrá impartir los conocimientos básicos para poder defenderse en la vida, incluidos los valores primarios que deseamos que nuestros hijos adopten.

La mujer está llamada a ejercer un rol en la evolución de la humanidad que apenas hasta ahora estamos comenzando a vislumbrar. Ese futuro es deslumbrante porque la mujer tiene dentro de ella la cualidad de luminosidad, pues ella es el altar de la Vida, donde la Vida se re-crea en cada embarazo, en cada parto. Precisamente porque esta es su más grandiosa cualidad, ser la iniciadora y la sostenedora de la Vida, necesitamos que ellas, en su conjunto, se encuentren en todos los organismos internacionales involucrados en decidir si un país se va a la guerra con otro o no, si se declara guerra civil dentro del país o no. Si ella participa en esta votación la posibilidad de que opte por no-ir a la guerra es enorme porque ella sí sabe, experimentalmente, lo que significa tener un hijo, criar un hija, educar un hijo para enviarlo a la ligera a una muerte segura en una contienda que no tiene sentido.

Cuando la mujer tenga este rol internacional estaremos en el vestíbulo de lograr vivir con una Paz Mundial como ninguna otra generación anterior ha experimentado. Pero para que este grandioso momento llegue, nosotros los hombres conscientes, tenemos que ayudar, apoyar, sostener e impulsar a la mujer a que logre su máximo desarrollo individual y colectivo, pues ellas son más de la mitad de nuestra humanidad y tienen tanto derecho para definir ese futuro como la tenemos los hombres. Las necesitamos porque llevamos demasiados años decidiendo que es más 'glorioso', más 'varonil' el irnos a la guerra y destruirnos que el hacer un esfuerzo supremo para conseguir una solución pacifica. En esta capacidad de negociación la mujer nos aventaja, pues ejercitándola es como ha sobrevivido nuestra increíble ceguedad impidiéndoles que asuman el puesto que ellas merecen en la construcción de nuestra evolución colectiva.

Esta igualdad tiene una consecuencia que es definitiva para la relación de dos personas que se aman. Esta es, nadie puede forzar al otro a que el otro lo ame a uno. Eso va en contra del respeto al trato igual que se deben dar los dos. El amor es libre, gratuito. No pide nada a cambio, ni lo exige. Quien exija ser amado ya perdió la oportunidad de que lo amen, pues nadie que se ve forzado a amar, lo hace con libertad, porque quiere, porque le nace del corazón. Quien fuerza al otro a que lo ame le coartó su libertad y en ese momento le impuso al Amor la más fatal de todos los condicionamientos: la reciprocidad forzada. Eso no es amor; es obligación.

Este respeto profundo por la mujer dándole el espacio y la oportunidad de crecer es uno de los factores principales que aumenta el vínculo y el lazo de amor en la pareja. Cuando ella recibe el trato de igualdad, que lo tiene por derecho de creación, adquiere la posibilidad de expresar su deseo de compartir con él todo su ser precisamente porque le ha dado la posibilidad de ejercitar su individualidad, su potencialidad de desarrollo y su capacidad de amar.

Somos una sola raza, la raza humana

Si hay un perjuicio que ha maltratado a la Humanidad a lo largo de todos sus años de existencia sobre la Tierra es el haber creado la separación artificial de las personas colocándolas en supuestas razas diferentes: la raza blanca, la raza negra, la raza amarilla, la raza indígena, la raza cobriza, la raza rojiza.

Con esta caracterización se han añadido todas las razones tácitas o explícitas por las cuales dicha 'raza' es inaceptable, odiosa, inferior, más salvaje, de menor valor intrínseco, más analfabeta, supuestamente más perezosa, menos inteligente, más tramposa, menos confiable, más inmoral, menos religiosa o atea.

Estos prejuicios raciales han permitido y han servido de trasfondo y de razones explicitas por las cuales se han declarado guerras, exterminios, separación, segregación y genocidios. Prejuicios que nos han permitido perseguir, acorralar o subyugar a grupos humanos enteros por aquellos que han tenido el poder para llevarlo a cabo.

Los descubrimientos científicos en el estudio del genoma humano han establecido que las diferencias del nucleótido entre los humanos, sin importar el sitio donde vivan, no son más que el 0.1%; lo que viene a ser una diferencia de 1 por cada 1.000 nucleótidos entre dos humanos escogidos al azar. (2) Este insignificante porcentaje pone de relieve cuánto de lo establecido y aceptado por generaciones como argumentos válidos y contundentes para someter, esclavizar y controlar a naciones enteras por ser de tal o cual '*raza*' no tienen fundamento. Están decretados sobre prejuicios que ven en la diferencia de color de piel, de estatura, de calidad del pelo, del color de los ojos, del tamaño y forma de la nariz, una diferencia que justifica el maltrato y la opresión.

Se acabaron los argumentos antropológicos que justificaban dicha discriminación y opresión de grupos humanos enteros. Los han derrumbado los análisis del genoma humano al demostrar que necesitamos una categoría nueva para vernos, para apreciarnos los unos a los otros. Esta categoría es muy sencilla, '*somos una sola raza, la raza humana, y habitamos un solo país, la Tierra, que nos alberga a todos por igual*'.

Mientras no cambiemos la perspectiva global de quiénes somos y en dónde habitamos no es posible hacer avances significativos en el mejoramiento y en la aceptación de quiénes somos como individuos, como grupos étnicos y culturales. Si todos somos en esencia una sola raza, la raza humana, las diferencias que podemos constatar no son para discriminarnos los unos a los otros. Son más bien la razón de celebración de nuestra magnífica diversidad, reflejo de la creatividad misma del Creador que hizo a las plantas diferentes pero bajo una sola categoría; que hizo a los animales en una sola categoría pero en innumerables formas y variantes como se pueden observar en el reino animal.

Esta diversidad constituye nuestra riqueza. Qué mundo tan soso seria si todo fuera igual. Es la diversidad de los colores y formas de las flores lo que hace un jardín bello, atractivo y digno de admiración. Es la diversidad de los pequeños detalles físicos del hombre lo que hace a la raza humana tan bella y diversa. Celebremos la diversidad como nuestra mayor riqueza de especie y no la usemos como la excusa para matarnos, para aniquilarnos, para exterminarnos, pues somos una sola raza, la raza humana, que habitamos un solo país, la Tierra.

Capítulo 4

Los Valores – Pilares de la Existencia

La Vida está construida sobre creencias, sobre convencimientos, sobre sólidas enseñanzas que se heredan o que se descubren en el diario caminar. Se las descubre individual y colectivamente. Esas creencias son los Valores que nos guían, los pilares sobre los cuales montamos nuestros comportamientos y sus expresiones legales. Sin Valores ninguna civilización puede sobrevivir. Ellos dirigen al individuo y a la comunidad por el sendero de lo que se percibe es lo correcto, lo que se debe hacer, lo que es aceptable, lo que ha de ayudar a crecer interiormente a las personas. Como guía se expresan con frecuencia en mandamientos o en preceptos, pero su esencia es ofrecerle al individuo y a la colectividad una guía solida de comportamiento y el Norte por donde hacer la peregrinación existencial.

Cuando el medio se convierte en fin

Si hay hoy día un artículo, un amuleto, un objeto mágico auténtico, es sin duda el dinero. Este ha sido el invento, por excelencia, que el hombre ha usado, a través de los siglos, como el medio con el cual obtenemos *'mágicamente'* lo que deseamos si tenemos suficientes papeles impresos cuyo números sumen el precio arbitrario que hemos aceptado que representan el valor de lo que se quiere adquirir.

Este artículo ha sufrido varias mutaciones a lo largo de los siglos pasando por metales más o menos ordinarios (como el cobre), hasta adquirir estatus de reyes con las monedas de oro y plata. Al constatar que estos metales son escasos, difíciles de obtener en suficiente cantidad y a precios muy altos, el papel substituyó paulatinamente el metal y comenzó a representar un valor numérico determinado que fue diferenciado por un diseño intricado, unos colores especiales con tintas sofisticadas, unas franjas metálicas de seguridad, y por marcas invisibles dando como resultado los billetes modernos diferentes en cada país. Los billetes abundan en denominaciones, con números que le dan a ese medio un valor determinado que hemos aceptado que es real aunque no sea mayor que el precio de la tinta y el papel sobre el cual están impresos.

Visto así el dinero-papel es fácil concluir que es apenas un medio para hacer transacciones de compra y venta. No tiene valor intrínseco que corresponda a lo que representan sus números. Sin embargo, es absolutamente increíble, lo que hacen los hombres (mujeres incluídas) para obtener miles, millones de estos *'papeles moneda'*. Están dispuestos a mentir, a traicionar, a idear asaltos y robos de imaginación desbordada, a sacrificar la vida familiar, a encontrar miles de argumentos triviales que justifiquen su obtención ilícita; y cuando se encuentran en encrucijadas de peligro, de traición están dispuestos a matar por ellos, aun sacrificando a familiares y amigos de años.

El dinero, por definición, es un medio, un vehículo, un objeto, un instrumento que nos sirve para conseguir un fin: adquirir bienes que anhelamos tener, que deseamos poseer, que tenemos necesidad de consumir.

Como invento humano, es un medio para un fin, no el fin en sí mismo. Quien lo convierte en tal, en ese momento le ha entregado su Vida pues se ha vuelto esclavo de su posesión. Quien lo acumula como un fin, no importa el nivel de sacrificio que conlleve, lo ha convertido en un dios al cual rinde pleitesía, adhesión, fidelidad y adoración. Vive convencido de que su posesión lo hace rico, lo hace poderoso porque puede comprar hasta las consciencias, sin recordar que ese papel perece enseguida en la llama devoradora de un incendio, de una fogata. Nadie que vive esclavizado del dinero puede vivir en paz. La preocupación constante es la de protegerse de aquel o aquellos que quieren arrebatarle el que ha acumulado. Cuando se tiene en grandes cantidades se ve obligado a rodearse de un ejército privado al cual rara vez le puede exigir lealtad porque está ahí para protegerlo sólo en la medida que se le pague bien. En cualquier momento los *protectores* se vuelven avaros y terminan eliminando al protegido para quedarse con su dinero. Miles de casos se han registrado, pero los más modernos son las traiciones que se dan al interior de los grupos mafiosos, de los grandes grupos financieros, las transnacionales y los carteles de la droga.

Quien vive para acumular dinero, sea guardándolo cuidadosamente en un banco nacional, en uno de las islas del Caribe o en un banco de Suiza, siempre termina viviendo en la zozobra de que puede ser víctima de alguien más sagaz, más atrevido, más ambicioso que encontrará la forma de quitárselo.

Quien dedica su vida a acumular el dinero como la razón más poderosa de su existencia termina, como tantos otros, prisionero de su propia ambición, prisionero de su desaforado apego a una ilusión tan intangible como el humo de un fogón campesino que se evapora por el tubo de escape o por las hendiduras del techo de paja.

El dinero es un medio que necesita ser utilizado racionalmente para que logre el fin para el cual fue inventado: facilitar la adquisición de los bienes de consumo o servicios que necesitamos para una existencia decorosa. Cuando esta perspectiva se pierde y se convierte en la razón de mi trabajo, de mi sacrificio, de mi ahorro en ese momento deja de tener el valor de medio y se convierte en el fin que me esclaviza porque no podré pensar en él de otra manera. No podré verlo en la perspectiva de un excelente medio para mejorar mi estilo de vida, para gozar en familia, con los amigos; o para liberar la mente explorando otros países, otras culturas, otras latitudes.

Dinero invertido en su acumulación, en su multiplicación desaforada sacrificando lo mejor de uno mismo, es una maldición, no una inversión. Siempre ha sido un medio para vivir decorosamente, que es en último término el mejor Norte y definición de nuestra existencia. En el momento en que el dinero pierde esa finalidad se convierte en la prisión de lo que quiero adquirir apasionadamente, sin caer en cuenta del costo que me está demandado.

Si el precio para obtener dinero en grandes cantidades es convertirme en su esclavo prefiero; no, ¡ Opto ! por no desearlo. Vivo más feliz y auténticamente sin tener que poseerlo al costo de perder mi libertad interior.

Crear Abundancia

La paradoja del dinero es que no puede crear abundancia, porque ésta no se basa en la acumulación de dinero. La abundancia se genera cuando pongo a disposición de todos los que me rodean los recursos que tengo compartiéndolos de manera que todos podamos crecer interiormente.

Qué diferencia en la actitud mental que podemos tener frente al mismo fenómeno. Una es la perspectiva miope y mezquina de la acumulación personal del dinero para satisfacer todos los caprichos habidos y por haber que mi ego pueda concebir. La otra posición es la de crear abundancia, riqueza suficiente para que la mayoría pueda acceder a la misma y lograr un nivel de existencia compatible con la dignidad de ser humanos. Si podemos multiplicar la abundancia que se expresa en riqueza compartida, entonces el dinero habrá logrado la finalidad noble y deseable que nosotros los hombres podemos imprimirle.

Cuando logramos tener esta actitud y la ponemos en práctica, en ese momento el dinero cumple plenamente su función social y expresa lo mejor del hombre que comparte con los demás lo que tiene.

La abundancia crece porque se basa no en lo que puedo adquirir y poseer, sino en lo que estoy dispuesto a compartir. Entre más comparto, mas abundancia genero. Abundancia que no se mide en dinero, sino en la alegría que mi presencia despierta en los demás, en el deseo que me expresan de querer estar conmigo, en las invitaciones que me hacen para compartir sus momentos familiares íntimos, en las charlas de fondo que tenemos, en los paseos que armamos, en las cenas que disfrutamos, en las ideas con las que nos enriquecemos. Esto es Abundancia y esta no se compra, se genera siendo generosos, compartiendo lo mejor de nosotros mismos con aquellos que quieren y desean compartir lo mejor de sí mismos.

La moda - lo más pasajero de lo que creamos

El mundo mediatizado por los medios de comunicación masiva vive en el frenesí colectivo de tener que vestirse y expresarse al ritmo del último grito de la moda. Hábiles vendedores de este estilo de vida han creado una cultura de prototipos humanos que no existen en la vida cotidiana, pero que son usados para exhibir lo que los creadores han definido es el estilo y la moda con la que 'todo consumidor debe vestirse'.

Estos prototipos humanos conocidos como 'modelos' son escogidos con tanto esmero que terminan siendo una rareza dentro del común de los mortales, especialmente cuando después de escogerlos los maquillan con tanta maestría que dichos rostros no se pueden encontrar en la calle de cualquier ciudad porque el promedio de sus caminantes no tienen los medios económicos siquiera para comprar el despliegue de cosméticos necesarios para obtener ese rostro perfecto para la foto.

Estas definiciones de *'belleza'* para la mujer y de *'ser apuesto'* para el hombre que ésta industria ha creado se convierten sutilmente en el 'modelo' al que todos deben aspirar en parecerse. Y como ellos representan la imagen del éxito se convierten por ende en el marco de referencia para medir el nivel de éxito que se tenga o no en la vida.

La razón no es sólo la belleza física sino el entorno en el cual está enmarcada. Estos modelos aparecen, no sólo vestidos con el último grito de la moda, del perfume, de la joya, del peinado, de la cirugía estética, sino que se encuentran inmersos en un mundo de fantasía. Están rodeados de otras bellezas o buenos mozos como si fueran copias de sí mismos. Se los ve reclinados en suntuosos sillones dentro de lujosas mansiones, situadas en escenarios de extraordinaria belleza. Se los ve riendo y disfrutando la brisa mientras manejan un carro descapotado de lujo de más de doscientos mil dólares, bordeando una ribera de ensueño que los lleva a una fastuosa mansión donde otros ricos - modelos como ellos - esperan vestidos de gala gozando de una copa de champaña o de licor fino mientras al fondo se ven parejas danzando.

Todo lo que la moda exhibe, muestra, empuja, propone es un mundo de ilusión fantástica fuera del alcance de la mayoría de los consumidores. Aunque no lo puedan alcanzar tales imágenes se convierten en la meta, la razón de vida, la justificación del esfuerzo por conseguir el dinero que de alguna manera les permita saborear las migajas de dicho mundo irreal.

¿Todo esto, para qué?

Para ostentar frente a los demás, frente a sí mismos que han logrado llegar a la meta que los fabricantes de sueños nos proponen; que han conseguido el nivel del éxito que todos debemos esforzarnos por conseguir, pues según ellos, sin este derroche y despilfarro no podemos ser felices. Ser feliz, según este modelo, es poseer dicho mundo de ilusión aunque implique sacrificar todo lo que se sabe que es más valioso, más verdadero, más duradero.

Sueños fabricados por la maquinaria creada y diseñada para crear esos sueños. Sueños artificiales que sólo tienen realidad dentro de la burbuja ilusoria de que ese mundo de imágenes artificiales es verdadero, deseable, y alcanzable por todo hombre o mujer que desean ser felices.

Ilusión que se desvanece como burbuja de jabón cuando el consumidor se da cuenta de que no es posible adquirir, mucho menos sostener ese mundo irreal de la foto, el clip publicitario, el show de pasarela, o los programas de televisión. Los pocos que lo logran (mayoría son actores de cine y de oficios similares), lo consiguen a un precio muy alto, al de vender su libertad interior para convertirse en marioneta de la misma industria que los fabrica. Una vez que triunfan tienen que vestirse como se lo piden, comprar los carros o casas que el estatus le dictamina, gastar en los almacenes de lujo que el comercio dice que los ricos compran ahí, asistir a los eventos que la industria de la diversión les arma, posar para las revistas que les pagan, mantener la apariencia de ese estilo de vida aunque en la intimidad de su habitación llore la prisión en la que se encuentran.

Querer vivir al son del estilo de vida que los medios definen como el éxito es condenarse a vivir como no le es propio; siempre dictaminado por quienes lo crean y cuyo costo de adquirirlo y vivirlo está muy por encima de lo que una persona promedio puede adquirir. Vivir soñando con ese estilo de vida sin poder jamás adquirirlo es vivir frustrado permanentemente.

La sencillez en estilo de vida, el secreto para vivir a pleno pulmón

Esta es una gran verdad que tiene que vivirse, experimentarse más que explicarse, más que racionalizarse. Sólo cuando se vive con lo básicamente necesario se da uno cuenta de que el mundo febril de la moda, el mundo chirriante de la televisión, el mundo artificial de la discoteca con sus luces embrujadoras y su libre consumo de droga son apenas paraísos artificiales creados para extraernos el dinero, para manipular nuestras ansias de emociones fuertes, para ir contra lo establecido.

El lado opuesto de esta imagen es la sencillez que tiene su propio nivel de felicidad. Pero para experimentar la diferencia y autenticidad de la sencillez, es necesario vivirla, porque en el entretanto estamos atrapados en ese mundo fabricado para mantener nuestra imaginación encadenada a lo artificial.

La sencillez en la vida diaria tiene un valor difícil de medir, de explicar, difícil de conceptualizar porque todo intento de hacerlo suena a crítica, a oposición al otro modo de vida. Sin embargo, la autenticidad se vive en el estilo de vida sencillo porque no hay que aparentar. No necesito ponerme máscaras de lo que no soy para ser aceptado. No necesito asumir roles que no me corresponden, ni 'descrestar' a nadie porque estoy con los míos que me aceptan como soy, como me conocen.

Vivir con sólo lo necesario no requiere montar un nivel de apariencia frente a los demás para obtener su aprobación. No lo requiere porque mis amigos y conocidos no me piden que monte un show de apariencia para convertirme en alguien mejor, aceptable, en alguien con valor. Soy el que soy en mi sencillez y ésta es la que los atrae. Me pongo cualquier de esos artificios que los fabricantes de sueños exigen que obtenga y enseguida pierdo el valor de quien siempre he sido porque comienzo a vivir la vida del actor que no soy.

Determinar cuál es el nivel mínimo de lo que requiero para vivir decorosamente es el arte de vivir con la libertad para manifestar lo mejor de lo que soy sin tener que ponerme encima un disfraz que al final opaca lo que soy capaz de ser. En el momento de vivir con libertad dejo a un lado lo superficial que me ahoga y no me deja expresar el verdadero Yo, el auténtico Yo, el imperecedero Yo.

Sencillez que no implica pobreza mendicante, que no implica descuido externo, ni abstinencias forzadas. Sencillez que me da la libertad interior para preocuparme por el desarrollo de lo mejor de mí mismo, el verdadero imán que atrae a los demás porque ven en mí ese ser que no está esclavizado por las apariencias sino que vive en la dimensión de la autenticidad.

Despojados del lastre de lo innecesario es cuando podemos realmente vivir la existencia en el nivel de los valores que no perecen, no pasan y no están condicionados por el dictamen de los medios de comunicación. En ese momento adquiero la sabiduría que me da la libertad consciente de vivir a pleno pulmón la vida en forma sencilla; descubro lo que es imperecedero.

La Integridad de mi palabra, la integridad de quién soy

Mi palabra es mi expresión externa de quién soy internamente, qué pienso, qué pregunto, qué me interesa, qué respeto, qué creo, qué defiendo. Cuando digo 'yo doy mi palabra' hipoteco mi personalidad, la coloco en lo que he dicho y la pongo a prueba. Si no soy consecuente con lo que digo, con lo que afirmo, estoy contradiciéndome, no estoy siendo íntegro. Mi palabra deja de ser palabra para convertirse en un sonido sin contenido, en un vocablo sin sentido.

Mi palabra me define, me presenta frente a los demás, expresa lo mejor que tengo de mi mismo. La concordancia entre lo que afirmo, digo y lo que hago tiene que ser impecable si mi palabra ha de tener cualquier valor. Nadie puede confiar en mí si fallo a mi palabra constantemente, si traiciono lo que digo con lo que hago. De ahí la importancia vital que debe guardar mi-palabra-hipotecada con mis acciones.

Quienes creen que son más vivos porque dicen una cosa y apenas se voltean hacen otra se están engañando a sí mismos. Los demás se darán cuenta del engaño casi enseguida, mientras que el engañador se tiene que convencer de lo contrario, de que fue más vivo que el engañado porque fue capaz de hacerlo sin que se diera cuenta. ¡Falso! Una vez descubierto la primera vez, el engañador pierde credibilidad y aceptación. Nadie creerá en su palabra en el futuro, pues ya han constatado su incapacidad para ser íntegro con lo que dice en el presente.

Con mi acción se define mi personalidad en la integridad de mi palabra, se define mi respeto por los demás y por mí mismo. Por los demás porque teniéndolos a ellos como la medida de integridad admito y escojo serles íntegro porque son personas que merecen mi respeto. En la medida en que soy íntegro en mi palabra, en esa medida lo soy en mi personalidad, en mi psicología, en la conformación de mi carácter, de mi quehacer.

No puede haber integridad si no hay fidelidad a lo comprometido en la palabra que se hipoteca. Cada vez que emitimos una palabra comprometida hipotecamos quienes somos frente a los demás. En esa medida ellos tienen derecho a juzgarnos y a rechazarnos si no somos fieles e íntegros a dicha palabra.

Que nuestra palabra sea la expresión de quiénes somos y que ella avale la integridad de nuestro ser frente a los demás.

Celebramos 'Valores' equivocados

Si hay algo curioso es constatar cómo, a lo largo de la historia hemos rendido verdaderos cultos a Valores que no lo son cuando se les analiza fríamente. Desmenucemos uno de ellos, para verlo en su desnudez, el Anti-valor que es. Este supuesto 'valor' es el mal entendido y celebrado 'aspecto glorioso' que se ha dado a la guerra.

La Guerra, el anti-valor por excelencia

Si hay un comportamiento constantemente presente en la historia de la Humanidad, en todos los países, en todas las culturas, y en todas las religiones del pasado, ha sido la '*Guerra*'. Es una expresión siempre presente de la violencia que ha dominado la agresividad de la humanidad desde sus orígenes y ha sido uno de los comportamientos negativos más justificados por quienes ven supuestas virtudes en ella. Veamos por qué son dudosas.

Guerra: es la omnipresente plaga que ha recorrido toda la historia desde que los primeros hombres se agarraron a palazos y uno le rompió el cráneo al otro, el '*enemigo*' percibido, y le arrebató la cueva, se apropió de sus mujeres, de sus pieles, de su comida y de sus armas de caza.

Guerra: la gran dominadora de toda la agresividad de la Humanidad. La mayor exaltada y glorificada de las formas de la violencia a la que puede llegar el hombre. Se inicia cuando alguien, un líder o un grupo, decide que sus intereses vitales se encuentran amenazados por un rival (individuo, tribu, reinado o nación) y que por lo tanto debe imponerse sobre él a través de la fuerza.

Guerra: palabra que ha permitido a un grupo humano o un gobierno marcar un territorio sobre un mapa con líneas de fantasía para llamarlo su país y declararlo como tal a nombre de un consejo de ancianos, un rey o una reina, de un conde o un príncipe, de un Congreso o un Parlamento. Una vez justificada su decisión han entusiasmado, reclutado, y mandado a un contingente de '*voluntarios*'" a arrebatarle al '*enemigo*' ese pedazo de terreno que el otro llamaba '*suyo*' por generaciones de generaciones.

Guerra: la gran palabra cargada de todas las validaciones dadas por los cientos de historiadores que la han justificado como el único camino para alcanzar un fin político, un fin militar, una meta anexión de territorio. La guerra ha sido exaltada por dirigentes políticos y militares a tal punto que les ha dado la autorización para reclutar a miles, a millones de jóvenes idealistas y soñadores de tomar las armas para segar y cortar la existencia de otros jóvenes igualmente idealistas que ellos.

Guerra: Palabra mágica que, en boca de los eulogistas y políticos, han logrado convencer a los combatientes de que están en lo correcto cuando empuñan las armas para hacer sentir en el corazón de los atemorizados '*otros*' el peso de su '*verdad histórica*' convencidos de que esa verdad les da el permiso de acabar con '*el enemigo*'.

Guerra: palabra mágica que da luz verde a los invasores para demoler edificios y palacios esplendorosos; para arrasar con las cosechas, desmembrar los monumentos históricos, fundir objetos de metal borrando todo vestigio de la inspiración de sus orfebres y para quemar las obras de arte y los libros que han guardado y revelado las mejores ideas de la humanidad.

Guerra: épica realidad cargada de '*emocionantes relatos*' que ensalzan las virtudes de los combatientes, galardonan los actos heroicos realizados en el torbellino de la insensatez, da pie a canciones y poemas que inmortalizan los momentos del delirio sin control donde miles de miles de soldados, carne de cañón, son sacrificados sin tener la más mínima idea de por qué realmente están muriendo engañados por las promesas de gloria y de paga.

Guerra: momento único para experimentar que las razones para morir tienen y adquieren un sentido patriótico de entrega y sacrificio que ningún otro momento puede ofrecer con igual glorificación. La guerra convierte a los miserables y marginados de la sociedad [que han sido reclutados obligatoriamente] en héroes alabados y vitoreados en los desfiles de triunfo. Las supuestas alabanzas al heroísmo no son más que canticos que ensalzan el absurdo de la guerra. No hay héroes en la guerra, tan sólo victimas porque para que haya '*héroes de guerra*' se requiere que estos hayan destruido algo: (un blanco militar) o dado muerte a alguien: miembros de un batallón, un regimiento, un contingente de combatientes, o lo peor, a civiles que no son mencionados porque no son 'objetivos militares'.

¿Ha hecho la Humanidad algún progreso sustancial en referencia a la Guerra en su evolución de 6.000 años de existencia?

Para decir que 'sí' habría que mirar retrospectivamente para verificar si ha logrado controlar sus tendencias bélicas porque ha aprendido la lección del pasado. Cuando hacemos un recorrido de la última parte del siglo XX encontramos que **no** porque la humanidad en ese lapso de unos 65 años fue testigo de una continuidad de encuentros bélicos como la *forma normal'* de resolver los conflictos en y entre los países.

Mónica Duffy Toft de la Universidad de Harvard hizo un recuento detallado y utilizando seis estrictos criterios para calificarlas, elaboró una lista de 135 guerras civiles desde 1940 a 2005. Esta cifra representa un promedio de 2 guerras civiles por año durante estos 65 años. (1)

Al final del Siglo XX deberíamos haber aprendido lo inútil e improductivo que es la guerra, pues el resultado neto ha sido el subyugar a los vencidos imponiendo un sufrimiento sin sentido a miles de miles de personas que nada tienen que ver en la decisión de tomar armas para atacar al vecino, al enemigo real o al decretado. Lo cierto es que después de cada uno de estos conflictos, el dolor, la desolación y la desesperanza son lo que cubren a los sobrevivientes que, de ahí para adelante, tendrán en su memoria y psicología el espectro de uno de los más horripilantes episodios de su existencia. Lo que les queda como herencia es la pérdida de toda esperanza de creer que el hombre es capaz de actos de apoyo, bondad, y cooperación.

La guerra es guerra, cruda y fríamente. No hay nada glorioso en su resultado porque las guerras no dejan más que familias destrozadas, juventud mutilada, niños huérfanos, viudas desconsoladas, y el odio a los perpetradores que se esculpe en votos de venganza y justicia ciega. Las guerras han quemado y saqueado la tierra, destruido las fábricas, los puertos, los medios de transporte, las bodegas, los colegios, las universidades, las galerías de arte, la bibliotecas del saber, los servicios públicos, llenando los hospitales con civiles y combatientes luchando por sus vidas. Las guerras no han dejado detrás más que ciudades quemadas y destruidas, campos agrícolas desbaratados por las bombas; y edificios, casas e infraestructuras en estado irreparable.

Las guerras no han sacado al hombre de su estado de miseria o pobreza, más bien lo ha hundido más en él. Las guerras no han sido el campo de enseñanza donde el hombre haya aprendido a amar al otro, sino a catalogarlo como *'el enemigo'*. La gran lección que el hombre ha aprendido en 6.000 años de historia es que la guerra es el medio para sostener su posición de poder y privilegio en el escenario regional, como en el internacional. Lo que ha aprendido es que la Guerra es la forma más común y más expedita para controlar al vecino, al rival, al enemigo y el mecanismo para imponer límites territoriales, conseguir el control de los recursos naturales, las materias primas, los mercados internacionales, las vías comerciales, los sistemas financieros. Estos objetivos son buscados febrilmente sin tomar en cuenta la cadena interminable de personas que son sometidas a un dolor y sufrimiento destructores de sueños, aniquiladores de esperanzas, demoledores del futuro obligándolos a vivir en un infierno presente que no parece tener fin.

Otro valor-espejismo: El triunfo político

Quienes ganan una contienda política respaldada por los medios de comunicación masiva suelen hacerlo a costa de la reputación e integridad del oponente. Si durante la campaña política, logran desenterrar algún desliz, algún escándalo cometido en el pasado lejano o reciente, este se convierte inmediatamente en leña para un fuego lento donde la integridad, honorabilidad y nombre del oponente se va *'rostizando'* hasta que no queda mayor imagen que admirar.

Así ha pasado en la historia reciente de EE.UU. a individuos en cargos oficiales y a candidatos en las elecciones que han tenido que retirarse de la oficina o de la contienda porque salen a relucir escándalos sexuales o financieros que acaban con la posibilidad de seguir en la actividad o lucha política. Fue el caso de Eliot Spitzer, quien tuvo que abandonar el cargo de gobernador de New York en 2008 tras hacerse público que había gastado $4.000 dólares en una prostituta de lujo. La investigación posterior demostró que Spitzer había gastado cerca de $80.000 dólares en una década de encuentros con mujeres contratadas a través de una empresa.

En mayo del 2011, el congresista demócrata Anthony Weiner se vio envuelto en un escándalo sexual por enviarle fotografías suyas en prendas íntimas a una chica de 21 años que lo seguía por Twitter. En junio del mismo año, Weiner debió renunciar a su cargo tras reconocer su mal uso de la red social.

En su momento, un escándalo de magnitudes insospechadas hizo tambalear la presidencia de los demócratas y el matrimonio de los Clinton. En 1995 Mónica Lewinsky, becaria de la Casa Blanca, hizo pública su relación con el presidente Clinton. A lo largo de meses, se airearon llamadas de alto contenido erótico y escarceos sexuales en el Despacho. En 1998, Bill Clinton fue acusado de cometer perjurio, al negar ante el pueblo estadounidense su aventura erótica con la becaria, y por obstrucción a la justicia. Eso no le impidió terminar su periodo pero su imagen de presidente quedó mancillada, perdiendo la popularidad que había tenido, además del enorme gasto (en los millones de dólares) que le implicó al gobierno de EU llevar a cabo el proceso judicial para determinar si debería o no dejar la presidencia. (2)

Cuando no hay un pasado que se puede explotar en contra del oponente político, los medios de comunicación, a favor de un candidato, se encargan de crear una imagen depurada, glorificada del mismo. A tal punto se hace esto conscientemente que pronto el candidato comienza a aparecer como 'el salvador' que enderezará los males del momento a favor de los más desposeídos. Consiguen, hábilmente, convertir a dicho candidato en el 'santo del presente' y la 'esperanza del pueblo para el futuro'.

Pero si el político no tiene que pagar directamente a quienes lo apoyaron, hay otro mecanismo de pago que entra en acción cuando gana la elección. Tan pronto llega a la alcaldía, a la gobernación, al Congreso, o a la Casa Presidencial, el ganador descubre que el aporte económico que recibió de los individuos o grupos de apoyo no fue gratuito, ni que los interesados lo querían apoyar incondicionalmente. Esta forma de apoyo financiero conlleva un precio que se 'sobreentiende y acepta' como la dinámica 'normal' de la financiación de una campaña política.

¿En qué consiste ese precio?

Cuando el candidato llega al puesto político al que estaba aspirando ser elegido, no tardan mucho en aparecer sobre su escritorio, para su aprobación y firma, los documentos legales que abren las puertas a los financistas de la campaña para llevar a cabo una serie de inversiones tales como la construcción urbanística en parcelas gubernamentales destinadas a otros fines; en exploraciones petrolíferas en zonas declaradas patrimonio nacional y reserva ecológica; en la construcción de una carretera que pasa por terrenos de conocidos y prestigiosos personajes de la sociedad que inmediatamente se benefician con el alza del valor de los terrenos; en aprobación de proyectos de cuantiosas cantidades que de alguna manera se ven diluidas en manos de los contratistas 'preseleccionados' para llevarlos a cabo; en colocar en puestos del gobierno a parientes, o amigos aunque no llenen los requisitos exigidos por ley.

Esta es la forma sutil pero efectiva, como los inversionistas y apoyadores de los políticos obtienen después enormes réditos que superan en grande el monto de lo invertido en el ganador.

Valor social por revisar: Premiamos al triunfador, castigamos al perdedor

No importa el evento donde se lleve a cabo una competencia -- boxeo, tenis, futbol, basquetbol, beisbol, natación, pista, carrera de carros, carrera de caballos, esquí, patinaje en hielo, artes marciales, shows de deporte extremo, 'reality shows' - el que gane el evento es el que es premiado como triunfador (aunque el triunfo haya sido amañado- el caso del ciclista Armstrong en las Vueltas de Francia). El ganador recibe trofeos, dinero, medallas de oro, plata o bronce; regalos extravagantes, o contratos comerciales; con entrevistas en radio, cine, televisión y revistas que le abren las puertas a otras actividades financieras.

El perdedor, por el contrario, no solo carga con la 'vergüenza de la derrota', sino que prácticamente se le cierran todas las puertas de éxito o de progreso. Esto les ocurre porque perdieron por segundos, por milésimas de distancia, por el estiramiento del ganador de un dedo, una nariz del caballo adelante del segundo puesto. La organización que lo 'castiga' así, no considera ni valora que el perdedor ha invertido igual o número parecido de horas de entrenamiento y práctica que los ganadores; que han hecho los mismos gastos monetarios en equipo, transporte, alojamiento, etc.

Los participantes que no ganan los primeros puestos son marginados, excluidos de los beneficios otorgados a los ganadores. Creamos así una sociedad de competencia desigual donde el que se esfuerza no recibe reconocimiento, ni premio a menos que llegue a ser campeón. Esa dinámica define una sociedad en donde reina la ley del vencedor, mientras que la comunidad de esfuerzo, de cooperación, y de bienestar del grupo no es reconocida, estimulada, ni premiada. Se crea así una cultura de feroz competencia antes que una donde la colaboración y el esfuerzo de todos tengan cabida, son reconocidos y premiados.

Después nos quejamos de que los trabajos masivos dejan por lo general al bulto de los obreros marginados de los beneficios de la empresa. ¿Cómo no será así, si precisamente lo que alabamos y premiamos es sólo el puñado elitista de unos 'ganadores'?, mientras el proletariado que también se esfuerza y pone su grano esencial para el triunfo de la empresa, no se beneficia. El esfuerzo colectivo es tanto o más importante que el de unos pocos aunque estos, desde el comienzo, tengan ventajas sobre los demás para alcanzar sus triunfos.

Uno de los mejores ejemplos de cómo se traduce la filosofía y actitud de colaboración en acciones de la vida diaria lo vi en un precioso video que encontré un día en YouTube. Celebraban en Pakistán una carrera de niños discapacitados por efectos de la guerra y de las bombas anti-persona: unos sin un pie, otros sin una mano, sin un brazo, sin una pierna. Todos estaban alineados al inicio de la carrera, sus caras tensas de la emoción y el nerviosismo ante el interrogante de si iban a poder moverse para llegar a la meta. Se dio la largada. Un muchacho joven, en dos muletas, al salir saltando en ellas se tropezó con una piedra y cayó de bruces al suelo. Los más cercanos que iban en muletas o prótesis a escaso metro y medio delante de él, al unísono se dieron cuenta de su caída y se percataron de que jamás llegaría a la meta sin ayuda. Todos se devolvieron al mismo tiempo. Los primeros en llegar lo levantaron por los hombros. Los demás formaron una sola línea y agarrados de la mano, de los hombros, apoyándose los unos sobre los otros, todos, al mismo tiempo, hicieron el recorrido cruzando la meta de llegada como una sola fila, un solo ganador, de manera que ninguno fue el triunfador aislado. Ninguno recibió el premio de haber sido el mejor o más rápido, sino que todos recibieron el más estruendoso aplauso posible de sus padres, de sus amigos, de los curiosos que estaban viendo el evento en ese momento y que entendieron el valor mayor que se obtiene cuando sólo hay ganadores en una prueba.

La Moralidad: ¿construcción cultural o Valor universal?

¿Cuál es el origen de la Moralidad? Difícil pregunta porque hay varias respuestas válidas. Unos afirman que es el producto de la reflexión de un grupo social que se traduce en prácticas que después adquieren marco legal cuando se las convierte en leyes. Otros afirman que la Moralidad nace de la reflexión ética que cualquier hombre o mujer puede hacer en virtud de su esencia humana que le permite descubrir y definir arquetipos del Bien o el Mal que después se traducen en comportamientos específicos, unos calificados como moralmente buenos otros como moralmente malos. No faltan los que afirman que la fuente de toda Moralidad es una Revelación Divina porque de lo contrario no habría Universales Morales que puedan ser válidos para todos. No pueden ser universales porque si la Moralidad la define el hombre, enseguida entra su relativismo y restricción histórica que le impide ver y juzgar fuera de su contexto cultural relativo.

Inmediatamente surge esta pregunta, ¿hay algún principio moral que permanece constante y valido a través de todas las épocas históricas que no esté constreñido por la diversidad de culturas?

Dos axiomas morales parecen ser validos, en abstracto, para cualquier época y cultura. Estos son "*el no robar, el no matar*". Sin embargo estos están condicionados a una multitud de interpretaciones dependiendo del caso individual. Así, por ejemplo, no se puede acusar de '*robar*' a quien está sufriendo literalmente de hambre y decide tomar un pan de una mesa de un restaurante al aire libre, o llevarse una fruta de un mercader en una plaza de mercado. El hambre que acosa al individuo es una necesidad más primaria que el derecho de propiedad del dueño del pedazo de pan. En un campo de batalla, el '*no matar*' no tiene aplicación cuando las balas del enemigo están zumbando en los oídos y la única manera de defenderse es dispararle de regreso. Si cae muerto por mis balas es en '*defensa propia*', no es un crimen pensado, planificado de antemano, pues apenas estoy defendiéndome de no caer muerto por las balas del opositor.

Inventariando los principios morales que tienen la mayoría de los pueblos de la Tierra, se puede por lo menos afirmar que hay un principio que permanece a través del tiempo y que es válido en cualquier contexto cultural: es el '*Principio de la Regla de Oro*'. Veamos diferentes expresiones idiomáticas del mismo contenido en las religiones más conocidas del planeta (3):

- Hinduismo: *"Este es el mayor deber: no hagas a otros aquello que, si se hace a ti, te causaría dolor"* (Mahabharata 5,1517)
- Judaísmo: *"...amarais a tu prójimo como a ti mismo"* (Levitico, 19, 18)
- Zoroastrianismo: *"...es buena solamente aquella naturaleza que no haría a otros lo que no es bueno para sí misma"*. (Dadistan-T-Dinik XCIV,5)
- Budismo: *"no digas palabras que herirían a otros de una forma que tú mismo encontrarías hiriente para ti mismo"* (The Sutta-Nipata, p. 73. No. 2, en The Sacred books of the East, vol. 10)
- Cristianismo: *"Así que, todas las cosas que queráis que los hombres hagan con vosotros, así también haced vosotros con ellos"* (Mt. 7, 12)
- Islamismo: *"Verdaderamente, Dios ordena la justicia y hacer el bien"* (Qur'an, 16:92)
- Fe Bahá'i: *"No debieras desear a otros lo que no deseas para tí mismo, ni prometas lo que no has de cumplir"* (Kitáb-i-Iqán, pg. 122)

Este principio moral no sólo es universal sino que la medida de su aplicación está en función y en relación a cómo yo, como individuo, me pongo como el punto de referencia sobre el cual defino, para los demás, mi propia validez. Al colocar *'mi bienestar'* como el punto de referencia de cómo me comporto con los demás, es difícil equivocarme porque no hay mejor juez que yo mismo para definir qué es lo que más me conviene, cuál es la forma como quiero que me traten, la forma que deseo que me respeten y que me juzguen. Yo sé con claridad cómo quiero que los demás me aprecien, cómo quiero que se comporten conmigo en todos los ámbitos de nuestras relaciones, cómo deseo que respeten mi espacio, mi individualidad y mis derechos.

Para definir el nivel de trato que deseo que se me otorgue no necesito tener educación superior, no necesito ser abogado, no necesito que me lean mis derechos, no necesito estudiar un tratado. Esto lo aprendo desde los primeros encuentros con los bebés de las amigas de mi madre que, cuando estamos jugando, llega el momento en que manifiesto, ¡No!, exijo, quiero que se me devuelva mi juguete porque sencillamente es mío y deseo jugar con él. Si el otro bebé rehúsa dármelo cuando lo pido, enseguida monto un '*show*' completo en el cual manifiesto mi descontento, muestro la exigencia de mi derecho de propiedad sobre el juguete y demando que me sea retornado. ¿De donde apareció, a esa edad, semejante apego a un objeto, semejante despliegue de pertenencia?

En forma similar sé inmediatamente cuándo los demás compañeros se han burlado de mi, se cuando se han agrupado en mi contra y me han insultado, me han rechazado y no puedo formar parte de su grupo. No requiero crecer y ser un adulto para experimentar que el abusador, el matón del colegio me golpea por el sólo hecho de querer golpearme, vanagloriándose delante de sus compinches del castigo que me ha dado y del cual no puedo defenderme porque soy consciente de mi debilidad y de la futilidad de oponer resistencia.

Estos momentos de injusticia se repiten, algunas veces más intensamente que otras, a lo largo de toda la crianza, de la adolescencia y de la primera madurez. Dependiendo de cómo pueda reaccionar para defenderme adquiero la suficiente confianza en mí mismo para sostener mi espacio o sencillamente me convierto en el hazmerreir permanente entre los que creía que eran amigos.

De ahí que como norma de comportamiento moral, la Regla de Oro adquiere toda la fuerza de su enunciado. Si trato a los demás como quiero que me traten a mí, si de hecho me aplico a que así sean mis relaciones con los amigos, conocidos y desconocidos qué diferente se vuelve el contexto de vida.

Al dar ese trato, implícita y explícitamente estoy diciéndoles a los demás que así es como deseo ser tratado. Y lo que evita que se vuelva pura subjetividad está contenida por la segunda parte del enunciado, '*Que me traten como yo los trato a ellos*'. Si de hecho maltrato, insulto, calumnio a los otros, no puedo menos que esperar que esa sea la forma de ser tratado. Pero si mi comportamiento con ellos es de afabilidad, sinceridad, apertura y aceptación lo lógico y esperado es que así sea su trato conmigo.

Y así será, si ellos a su vez aceptan la universalidad y validez de este principio moral y de comportamiento con los demás. El resultado neto sería un mundo regido por el respeto del uno por el otro. Este no puede ser menos que un mundo donde reina la justicia, el respeto por los derechos de los demás; sería un mundo repleto de expresiones de amor y unidad en el cual se pueda vivir una realidad casi paradisíaca.

La Belleza: la Luz y el brillo de la Vida y el mundo

Otro valor universal que se puede aceptar es la Belleza, pero para entender su universalidad es necesario esclarecer a qué nos referimos cuando hablamos de ella.

Lo primero que se debe afirmar de la misma es que corresponde al ámbito de los arquetipos universales de la humanidad que desde que se ha manifestado como seres pensantes han hecho alusión, alguna expresión de la belleza percibida. Es por eso que se puede hablar en abstracto de Belleza porque su definición es conceptual. Como no es posible obligar a todos a que se acepte un sólo criterio para definir lo que es bello es por eso que es necesario referirnos a la belleza como concepto, pues en el ámbito de los conceptos caben múltiples expresiones concretas de la misma realidad.

Belleza como concepto, pues, se puede definir como lo hace el diccionario: *"aquella cualidad de lo que es bello. Bello: aquello que captado por la percepción o por la inteligencia y produce deleite. Propiedad de las cosas que hace amarlas, infundiendo en nosotros deleite espiritual. Esta propiedad existe en la naturaleza y en las obras literarias y artísticas. Otra acepción es: Mujer notable por su hermosura".* (4)

Siguiendo la definición se pueden puntualizar varias formas y concreciones en las que se puede encontrar 'belleza'. La primera y más obvia por ser la más vasta es la belleza de la naturaleza. Se presenta en la paleta de matices y de colores de un atardecer sobre el horizonte del mar mientras la bola de fuego anaranjado-rojizo se hunde y desaparece a medida que tiñe el cielo y las nubes con un arcoíris de colores cambiantes creando una escena embrujadora que no dura sino breves momentos antes de hundirse en el crepúsculo.

Igualmente exclamamos que el combinado de las flores que cubren un valle o la ladera de una montaña como mágico manto es simplemente una bella obra de arte natural por la variedad y matices de colores. Así mismo quedamos extasiados por la increíble mezcla de color que tiene el plumaje de un guacamayo o del ave del paraíso, pasando por algunos tipos de patos cuyas plumas tienen un color iridiscente que hace bailar los rayos del sol cuando este las acaricia. La variedad de combinaciones de diseño y formas de las alas de las mariposas, la delicadeza de los colores morados, lila, blanco, rojo y amarillo que exhiben la abundante variedad de orquídeas, la elegancia con que trotan o galopan los caballos de paso; la fluidez de un pingüino o un delfín mientras nada en el agua; la majestuosidad de una catarata que se desploma cientos de metros creando su propio mundo de ilusión en la espuma de su caída; la sobria y respetuosa presencia de un cocodrilo deslizándose por el rio; la ternura de una hembra chimpancé cuidando de su cría; todos estos son cuadros de singular belleza que la naturaleza provee diariamente al que tiene ojos para ver.

Sin embargo, la Belleza no se agota en la Naturaleza, al igual la encontramos en la especie humana, con sus variantes esperadas. Esta se manifiesta en el rostro angelical de un bebé que ilumina el cuarto con su sola presencia, mientras sus ojos de completa inocencia dejan en suspenso nuestros prejuicios y nimiedades para deleitarnos con su expresión de pura alegría y felicidad.

La Belleza también se encuentra en las mujeres y en los hombres, independientemente del criterio que se use para calificarlos como bellos o apuestos porque en ese aspecto la Belleza es relativa a la definición cultural. Para algunos grupos africanos una mujer es bella si es gordita, pues eso es señal de salud. Para el occidente, por el contrario, la definición de mujer bella debe incluir una figura esbelta (en algunos casos rayando en la franca flacura), unos rasgos faciales finos y una proporción en sus formas pre-definidas como criterio de belleza.

El hombre 'apuesto' igualmente está sometido a diferentes criterios. En algunas culturas de las islas de Oceanía, el hombre es quien se maquilla para atraer a las mujeres y el más vistoso es considerado el más apetecible. Estos ciertamente siguen la dinámica de los animales, especialmente las aves, en las que el macho es el que tiene el plumaje más colorido, el que hace mayores despliegues ruidosos con sus alas, movimientos bruscos con su pico, graznidos y toda una escala de chillidos estruendosos con la intención de atraer a la hembra potencial.

Ahora está de moda que el hombre se ve guapo si se deja una barba de unos cinco días dándole un aspecto semisalvaje pero no grotesco ni excesivo; en algunos casos esta incipiente barba va acompañada de pelo largo, otras de corte pequeño, y en muchas ocasiones lleva una oreja adornada por un arete-diamante (o una piedra imitándolo). Los hombres además deben calificar con algún nivel de musculatura visible pues de lo contrario es considerado como un ejemplar pusilánime de la especie, o sea rechazable. Al igual que un gordo desproporcionado es tachado como un hombre sin control en el comer, y otras áreas de su personalidad. La cultura que define al hombre guapo por lo general rechaza al hombre gordo.

Además de la belleza física que el hombre o la mujer pueden exhibir, se da otra belleza que es menos apreciada, y a veces pagada con precios exorbitantes. Es el caso de las obras de arte, sea esta pintura, escultura, construcciones en metal o en cerámica. Lo que hace bellas estas creaciones del hombre son la armonía de las figuras y los colores usados, la composición de luz y sombra insertadas, la perfección con que el artista reproduce sobre el lienzo el objeto contemplado, la elegancia de la figura de yeso o de metal, la audacia con que ha interpretado lo que ve allá afuera como realidad objetiva.

¿Qué es lo que atrae de una obra pictórica? No es la simple reproducción visual de lo que el artista ve allá fuera de sí mismo, no es la representación en dos dimensiones de una realidad que él ve en tres. Tampoco es la perfección de la interpretación realista porque hay artistas que no se rigen por cánones de realismo. Por el contrario, toman lo que ven como un mero punto de referencia, un momento de inspiración y crean sobre el lienzo una realidad que no tiene nada que ver con la realidad vista, sino es más bien la expresión del sentimiento que suscitó el objeto o la persona contemplada. Esta expresión va desde un abstraccionismo completo hasta un combinado de colores sin forma alguna en particular, pero en una combinación de los mismos que comunican fuerza, que exudan armonía, composición de sentimientos expresados sólo con el color.

Esta belleza que el artista plástico ve en las cosas es lo que busca expresar, traducir e insertar en su creación, sea esta sobre un lienzo, el yeso, el metal o la cerámica. Al trabajarla, al moldearla, al darle forma el artista comunica a ese medio inerte una vida que no tiene de por sí, una forma que no se encuentra en su estado natural. El artista transforma literalmente el medio en la expresión visual de lo que se siente inspirado por crear. Lo logra utilizando el equilibrio de la forma, el color, la distribución de masa, la armonía en los elementos usados (claro-oscuros, cortes, ondulaciones, etc.). En ese momento da vida a lo inerte transformándolo en un producto bello, digno de admiración, de contemplación, pues evoca el sentimiento de deleite que nos da la definición de belleza que hemos utilizado. La obra bella igualmente suscita en el observador un profundo respeto por su autor.

Hay todavía otra belleza que no cabe en estas categorías. Es la que nace dentro de nosotros, que expresa una cualidad de bondad y de efusión amorosa difícil de precisar. Se puede capturar en la expresión de éxtasis expresada por una vivencia espiritual intensa que se trasluce en el rostro de la persona que la experimenta. Quien la ve, quien está en presencia de esta experiencia mística no encuentra las palabras correctas para describir la belleza que ha contemplado, pues ésta parece que se saliera del ámbito de lo normal. Lo cierto es que quien está delante de este tipo de persona (santo, santa) siente la belleza de una dimensión trascendental que irradia dicha persona.

Hay otra Belleza intangible pero real: es la del carácter de una persona entregada al servicio de los demás. Es la clase de persona que parece no conocer el egoísmo pues su personalidad es tan afable que es un magneto de atracción para quienes la conocen. Estar en su presencia, trabajar a su lado, participar con ella en una obra comunitaria, ser miembro de su equipo es un deleite porque su personalidad tiene esa belleza no visible pero si perceptible, intuible, experimentable. Son personas con corazones bellos, con sentimientos bellos, con palabras bellas y confortantes.

No son muchas esas personas, pero cuando se encuentra con una de ellas, se sabe que se está en presencia de una personalidad que es una joya por su rareza, a la vez que es una belleza que no tiene precio. Es una belleza interna, del Espíritu y por lo tanto es necesaria verla y captarla con los ojos del Espíritu que no siempre están alertas. Pero una vez que logramos ver y disfrutar por primera esa clase de belleza estamos capacitados para apreciarla y gozarla cada vez que encontramos una persona de ese calibre.

Sin Belleza, el mundo es oscuro, sin brillo, sin goce, sin luz. Es un mundo de tinieblas donde no se quiere vivir pues ha perdido el calor y el encanto que nos haga sentir deseosos de permanecer en él. Si tenemos que construir un mundo donde está desterrada la Belleza construimos un infierno de desolación porque la Belleza es la que adorna, la que le da luz y esplendor a lo que hacemos.

Si algo nos distingue como hombres es nuestra capacidad creativa. Si algo le da a esa capacidad un lustre de divinidad es nuestra habilidad de crear con belleza, es moldear las materias primas en cosas útiles y bellas a la vez. La belleza nutre nuestro espíritu porque lo vuelve a poner en contacto con la fuente de Creación que es la vez la fuente de Belleza. La belleza producida por nosotros nos redime de nuestras más bajas pasiones y nos enaltece a la altura de nuestra última realidad, la de ser Espíritus encarnados. La belleza descubierta en el mundo y en los demás nos permite otear su fuente, el Creador de la misma.

La Justicia: ¿por qué importa?

La Justicia es otro de esos valores que no se pueden pasar por alto sin afirmar que hay que reconocerlo y aceptarlo porque es necesario para nuestro desarrollo permanente como hombres.

¿De dónde proviene la noción de Justicia? Quizá la respuesta más valedera es que intuitivamente somos conscientes cuando se nos hace alguna injusticia, cuando han transgredido nuestros derechos, cuando alguien ha sido 'injusto' con otro especialmente si es alguien que conocemos, que amamos. Es de esas primeras nociones que se aprenden desde la cuna y que no requieren de educación superior para entender la fuerza y validez de su realidad. Cuando hemos sido transgredidos instintivamente sentimos que se nos debe justicia, que el trasgresor debe ser castigado por su falta.

Hay una sucesión lógica por la cual demandamos que se haga Justicia. Sin Justicia no hay sanción. Sin sanción el transgresor no tiene temor de hacer el mal pues su trasgresión no tiene consecuencias. Si el transgresor no tiene temor de hacer el mal porque sabe que no tiene que pagar por el daño hecho, el resultado es el caos pues no hay consecuencia a pagar al cometer una infracción o una agresión injusta contra cualquiera. En el caos es imposible vivir normalmente, progresar, educar, inventar, crear. La justicia ejercida contribuye a que se dé un clima de seguridad, un ambiente de paz que permita a la creatividad del hombre manifestarse en lo mejor de sí misma. La justicia crea un espacio donde el trasgresor sufre un justo castigo por sus faltas.

La Justicia es un valor que no se puede abdicar si se quiere que el hombre mantenga sus instintos bajo control porque los instintos sin control lo llevan a que se erija él como el estandarte, el punto pivotal alrededor del cual los demás giran y le sirven. El hombre, o el grupo de hombres que se erigen en definidores arbitrarios de lo que es castigable o no, terminan sometiendo a los demás a su definición caprichosa y miope de lo que es permisible o no. Los regímenes políticos montados sobre este uso de la injusticia terminan en tiranías insoportables e inaceptables para la convivencia democrática.

La Justicia es pues uno de esos pilares sobre el cual está montada la sobrevivencia de la especie, pues sin justicia no hay castigo valedero para controlar aquellos que optan por la vía del caos, de la anarquía, del temor y la explotación de los demás como medio de control de la mayoría. La anarquía y el caos como forma de gobierno, de manejo de las relaciones humanas son inadmisibles en una concepción en la que el hombre tiene derechos inalienables sobre los cuales se estructura una nación. La Justicia es la defensa del hombre común y corriente que no tiene cómo defenderse de los poderosos porque no tiene los contactos con aquellos que de hecho controlan las decisiones del gobierno, de la economía, de la vida de una nación. Pero, para que exista Justicia es necesario que ésta esté inserta en estructuras funcionales que hagan posible su implementación.

La Justicia, en final de cuentas, es la que define las relaciones entre naciones y si ésta es el estandarte por defender, ese mismo estandarte será el que los ayude a encontrar soluciones pacíficas a conflictos que, si no se afrontan tan pronto se manifiestan, pueden estallar en guerras. De ahí la importancia de que el Derecho Internacional sea aceptado por la mayoría, y que la institución encargada de aplicarlo sea primero, aceptada por el conjunto de los países que la avalan, y en segundo lugar, que tenga el poder de aplicarla con todo el rigor en los casos que se ha transgredido. Sólo con esta autoridad será posible mantener la paz internacional y hacer que la justicia reine sobre nuestra ya convulsionada historia.

La espiritualidad – lo esencial que no pasa

Uno de los errores más comunes del mundo moderno es el de confundir el plano de la espiritualidad esencial de ser humano (uno de sus más grandes valores) con las expresiones de religiosidad popular en donde abundan las imágenes de 'santos', las reliquias, las oraciones '*milagroseras*', las estampas, las reliquias, las procesiones y las penitencias públicas para cumplir '*una promesa*'. Llamar *religión* a ese conjunto de prácticas es confundir la esencia de lo que constituye la religión (la palabra de la Revelación) con dichas prácticas secundarias creadas por los hombres. Igualmente es otra confusión el identificar la esencia de la religión con la religiosidad-institucionalizada manejada por los hombres, no pocas veces a su favor y para mantenerse en su posición de control y poder.

El primer error nace por la falta de introspección personal y colectiva. Cuando el hombre no explora su realidad interior, no descubre la dimensión que lo convierte en el gigante que puede llegar a ser. Para ello requiere que se adentre en su consciencia y descubra la dimensión de su conocimiento y lo que este le brinda para su desarrollo intelectual. Cuando descubre su potencialidad creativa, se da cuenta que la grandiosidad de ser hombre es precisamente la de ser-un-creador. Esto lo logra cuando imagina una máquina, la diseña y la construye; cuando inventa una nueva receta de cocina; cuando repara una cortadora de pasto haciendo una pieza que ya no venden; cuando dibuja un extraterrestre que no existe en nuestro mundo; cuando escribe y musicaliza una canción para grabarla después; cuando inventa un nuevo motor de vehículos; cuando escribe una novela que gana un premio; cuando pinta un cuadro que inicia una nueva escuela de pintura.

Este nivel interior es descubierto en el ejercicio mismo de la creatividad. Es una dimensión interior, real, pero a la vez invisible. Es el dominio del Espíritu, de lo espiritual. La dimensión de la creatividad es una manifestación de la espiritualidad que tenemos dentro y que vivimos a diario, a veces sin darnos cuenta. Es esencialmente espiritual porque no se puede ver, ni pesar, ni medir, aunque se pueden ver los resultados de su actividad.

Hay otra dimensión adicional de la espiritualidad que es perenne en nosotros. Es la capacidad, la potencialidad de poder comunicarnos y establecer contacto con ese principio interno que me identifica como el Yo-testigo de mi propia realidad de ser. Este principio vive en la interioridad de mi consciencia como una fuerza, una energía, un '*élan vital*' que le permite a mi cuerpo manifestarse vivo, con todos su órganos funcionando al unísono para que esta formidable pieza de ingeniería bioquímica me sirva de vehículo para expresar mis pensamientos, mis memorias, mis sentimientos, mis emociones; y todos los rasgos de mi personalidad que me identifican como el Yo-particular que soy, como la individualidad que me distingue de los demás.

Este principio de Vida que tengo dentro existe y se manifiesta en una dimensión inespacio-temporal dado que no está localizada en ninguna parte específica de mi cerebro pero que siempre está presente en cualquier acto reflexivo que hago, en cualquier emoción que tengo, en cualquier pensamiento que fabrico. Este principio vital es mi espíritu que sustenta y anima mis pensamientos, mis reflexiones, mis emociones constituyéndose a la vez en la esencia de quien soy como hombre. Sin mi espíritu no tengo conexión con la fuente de Ser, pues es el Espíritu (Dios) el que aviva y mantiene ardiendo la llama de mi Existencia y la de todo lo que es.

La espiritualidad es la actividad de mi espíritu, de mi más auténtico-Yo, que se comunica, en una dimensión no limitada por la espacio-temporalidad, con la Fuente, con el Ser que encendió mi chispa de Existencia. El dialogo, la comunicación de mi Yo-espíritu con esa Fuente, con ese Creador es lo que constituye mi vida espiritual, mi más autentica realidad, pues es en ese momento cuando mi esencia se pone en contacto con la Esencia que le dio Existencia.

Religión, en su significado original, es volverse a poner en contacto con el origen, con el Creador. Esto no es posible lograrlo por esfuerzo personal porque estamos limitados por nuestra condición de espacio-temporalidad. Lo limitado no tiene cómo comprender lo Ilimitado, no sabe cómo relacionarse con Él, no conoce el idioma ni el mecanismo para establecer esa relación que desea, porque su limitación no le permite obtener dicha meta. Para que se dé esa comunicación, para que se establezca ese puente, para que podamos entender algo de lo que es la esencia de lo Incognoscible, se requiere que dicha Fuente, que dicho Creador, tome la iniciativa y nos diga algo de Si mismo en un lenguaje que podamos comprender. Ese lenguaje es el que está expresado en la Revelación que el Creador hace de Si mismo a su criatura.

Esa Revelación nos ilumina dándonos a conocer algo de la esencia de ese Dios-Creador; conocimiento que está adecuado y adaptado a lo que podemos asimilar en el momento de recibirla. Por lo tanto no es de sorprenderse que dicha Revelación esté históricamente relativizada por estar adaptada al nivel del desarrollo espiritual del grupo que la recibe. Dicha Revelación, por lo general, nos indica también cómo podemos relacionarnos con ese Magnifico Ser siguiendo unas pautas de comportamiento con nuestros semejantes y obviamente con Él.

La religión, vista en esta perspectiva, no rivaliza ni opaca la espiritualidad 'natural' que hay en mí. Lo que hace es clarificar la diferencia entre lo que recibo como Revelación de Dios (normalmente a través de un Mensajero, un Emisario que habla en nombre suyo) y lo que yo puedo y debo hacer para cultivar este potencial que llevo dentro, mi Espíritu, y el ejercicio que hago del mismo para comunicarme con mi Creador.

Ciencia y religión – dos adversarios innecesarios

Es frecuente oír la discusión, muchas veces violenta y agresiva, entre ciencia y religión. Los científicos alegan que la religión es ciega y no reconoce los descubrimientos que la ciencia hace y ha hecho para entender cómo está organizado el mundo físico, el mundo síquico y emocional del hombre. Pruebas no le hacen falta porque de hecho los líderes religiosos o las autoridades religiosas de varias de las religiones del pasado (y aún de hoy día) han declarado abiertamente su clara oposición a las hipótesis, a las conclusiones que la ciencia ha propuesto. Según ellos, dichas conclusiones van en contra de las enseñanzas doctrinales de la Revelación específica por la cual se rigen y defienden como el único y valedero parámetro para juzgar la realidad física del mundo y del hombre.

Ejemplo claro fue el número de científicos condenados al silencio o a la muerte por defender sus convicciones científicas, como fue el caso de Giordano Bruno, monje dominico, declarado hereje y quemado por orden de la Iglesia Católica en febrero 17, 1600, y el tan conocido caso de Galileo Galilei, italiano, sentenciado a casa-prisión en 1633 por 'sospecha vehemente de herejía' porque el científico coincidía con la tesis de Copérnico que afirmaba que la tierra giraba alrededor del sol y no viceversa como la religión lo defendía. La Inquisición además puso sus escritos en la lista de libros prohibidos. Este principio fue aplicado muchas veces más, es decir, cualquier teoría que de alguna manera ponga en tela de juicio la validez de una interpretación literal de los escritos sagrados es inmediatamente calificada como inaceptable, como una 'inspiración demoniaca', como un ataque al dogma establecido y por ende poniendo en tela de juicio la autoridad de la Iglesia.

El ejemplo más conocido hoy día se dá entre los creacionistas que defienden, a '*raja tabla*', en contra de los evolucionistas, que el mundo fue creado en seis días literales porque el texto bíblico usa esa palabra cuando explica el tiempo que le tardó a Dios para hacer el universo, la Tierra y el hombre. No importa para ellos que dicha explicación fue hecha para un pueblo (Israel) en un momento histórico (hace aproximadamente 4.000 años) cuando sólo tenían unos rudimentos de las ciencias modernas (geología, biología, física). Por consecuencia lógica la gente no-educada de ese entonces (la mayoría), requería de imágenes sencillas para poder entender el proceder escondido de Dios en la naturaleza. Este es, en esencia, el lenguaje llano y sin explicación científica utilizado por el Génesis para describir cómo Dios llevo a cabo la Creación como un proceso organizado por pasos, por etapas, en cada una creando lo que se requiere para que pueda darse la aparición de objetos o de vida en la próxima etapa. Proceso que no ha de ser confundido con la interpretación literal de días, cuando el vocablo es utilizado para describir orden, etapas, secciones, tiempo indefinido, escala, progresión.

El otro aspecto de la contra posición entre ciencia y religión es el hecho de que la ciencia, queriendo independizarse completamente del método de explicación defendido por la religión (básicamente el aceptar por fe la explicación teológica, aunque no tuviera base científica) se ha ido al extremo de afirmar que la única explicación válida de la realidad física total de lo que existe es solo lo que se puede afirmar por el método científico de investigación. Es decir, si no se puede medir, pesar, cuantificar, procesar en un laboratorio bajo condiciones controladas lo que se esté investigando no se puede hacer afirmaciones sobre dicha realidad que no estén circunscritas al método de la investigación. Ningún otro aspecto que sea averiguado por otro método que no sea el estrictamente científico es válido o aceptable. Así pues, fenómenos espontáneos, manifestaciones para-normales, expresiones trascendentales a la realidad física no son aceptados como válidos ni como aspectos reales de lo analizado. Estos los consideran como explicaciones no-científicas, productos de una imaginación afiebrada, de explicaciones míticas o de interpretación 'naif' de la realidad.

Aunque existe dicha polémica, ésta no debe ser la manera como cada disciplina se trata la una a la otra. Ciencia y religión cumplen cada uno su propio papel dentro del desarrollo de la humanidad. Cada uno propone y usa un método diferente de análisis porque su punto de partida es diferente, aunque complementario. El método científico parte de lo dado, de lo factico para preguntar por la composición, por la estructura, por el funcionamiento de la materia, de lo físico. Ese método busca responder a las preguntas básicas de: ¿Cómo está compuesta la materia, lo físico? ¿Cómo funciona? ¿Para qué sirve?

La religión por el contrario responde a una pregunta completamente diferente; esta es, ¿Cuál es el sentido, la finalidad de esta realidad para el crecimiento espiritual del hombre? Cuando la religión acepta que éste es su ámbito de validez entonces descubre que tiene un campo amplísimo donde moverse, donde crecer, pues las preguntas sobre el sentido de la relación del hombre con la realidad creada son permanentes. Cada generación se hace preguntas similares con respecto a su propio desarrollo y normalmente encuentra respuestas diferentes.

Tenemos un buen ejemplo que demuestra la división clara entre ambos quehaceres del hombre. Es el caso de la bomba atómica. La ciencia fue la que se encargó de hacer las preguntas correctas sobre la composición de la materia a nivel atómico y formular el potencial de energía que se podría producir de hacerse una bomba; potencial firmemente confirmado en la prueba hecha en Nevada, EE.UU el 16 de julio de 1945. De tener hecha físicamente la bomba a tomar la decisión de su uso militar lanzando una sobre Hiroshima el 6 de agosto de 1945 y otra sobre Nagasaki días después fueron dos momentos y dos formas de actuar completamente diferentes. Una situación es tener la bomba hecha, otra la de tomar la decisión de arrojarla sobre una población civil completamente indefensa a su poder destructor. Las preguntas sobre la composición del átomo no definieron su uso. Esa fue una decisión estratégica con implicaciones morales, esencialmente diferentes de la composición física de la bomba.

El sentido de lo que hacemos, las preguntas del por qué hacemos lo que hacemos, a qué dedicamos lo que descubrimos es el ámbito espiritual y religioso donde la religión tiene su auténtico puesto. Porque somos seres morales con capacidad de hacer decisiones morales libres, por eso necesitamos de la religión que es la base trascendental de la moralidad. La ciencia debe dejarle ese ámbito a la religión sin entrar a disputárselo, así como la religión no debe impedir que el hombre escudriñe la composición atómica, sub-atómica o de cualquier otro nivel que descubra en la materia.

Religión sin el horizonte de la ciencia para que la oriente e ilumine cae en el irracionalismo, cae en el fanatismo religioso que intenta equivocadamente interpretar la realidad bajo la óptica de la teología como si ésta estuviera diseñada para ese propósito. Los fanatismos religiosos llevan a sus seguidores a las posiciones fundamentalistas que terminan justificando a hombres y mujeres a que se conviertan en bombas vivas y que se exploten en sitios públicos matando a decenas de decenas de inocentes. En la mayoría de los casos estas víctimas nada tienen que ver con las creencias o perspectivas de interpretación literal de los textos sagrados que hacen los extremistas. Interpretaciones que no tienen consistencia porque la lógica interna de las religiones sugiere acciones totalmente contrarias a las que su subjetivismo fanático los lleva a tomar.

Hay que permitirle a la ciencia hacer su labor inquisitiva sobre la realidad física de manera que podamos sacarle el mayor provecho para nuestro crecimiento interior. Impedirle a la ciencia hacer esa labor basado en dogmatismos ciegos de interpretación literal de los textos sagrados es invadir el territorio que le corresponde a la ciencia. Pero de la misma manera que la religión se puede ir a los extremos en su interpretación, la ciencia también tiene la misma tentación cuando declara que la única interpretación de la realidad es la científica. Con esa posición cerrada consigue dos resultados, el primero convertir la interpretación que la ciencia hace de la realidad en una interpretación materialista cerrada dentro de la cual no cabe la existencia de otros niveles de realidad que ya hemos expuesto que existen dentro del mismo mundo físico como en el interior del hombre. Una interpretación absolutamente materialista de la realidad encierra al hombre en un universo miope, recortado y sin perspectiva de trascendencia.

El segundo resultado que consigue esa interpretación cerrada de la realidad es negarle al hombre la responsabilidad y autonomía que debe ejercer en dirigir su propia evolución. Precisamente esto es lo que le da sentido a su vida. Si la trascendencia es negada por la ciencia porque no la puede tocar, medir, pesar y analizar en un laboratorio entonces la perspectiva ulterior de sentido del hombre se pierde, se diluye, se queda circunscrita al ámbito de la pequeñísima espacio-temporalidad de los 50-80 años de vida terrenal que la mayoría tenemos disponibles. El hombre sin trascendencia pierde su sentido de ser-existir para convertirse en un simple fenómeno de una evolución de especies que tampoco tiene otro horizonte de ser-existir que el haber aparecido en la historia de la evolución del universo por un breve espacio de tiempo para después evaporarse en la oscuridad de lo que fue y ahora no es.

Capitulo 5

Relación con el Creador

Moldeo mi personalidad, mi psicología, mis actitudes, mi actuar y mi vida de acuerdo con mis creencias. Una de las más fuertes e importantes es la relación que tengo o no con Aquel Quien me dio la Existencia.

Sin este reconocimiento intimo de que soy una criatura cuya Existencia se me ha dado gratuitamente pierdo por completo el horizonte de mi crecimiento interior, disminuyo y opaco mi realidad de ser espíritu-encarnado hasta el punto de que ni yo mismo lo puedo ver. La relación profunda, íntima con el Creador es la que dinamiza, a niveles insospechados, la existencia terrenal. Le da una dimensión extraordinaria, imposible de trasmitir porque no lo permite la limitación de las palabras; pero, el que lo experimenta, descubre que su paso por este momento espacio-temporal es una Aventura sin igual donde se mezclan misteriosamente los momentos de dolor con los de alegría, pues se sabe y se siente protegido por un Dios-Padre que vela por nuestro bienestar.

Que Dios existe... Existe

La vida, sin la presencia de un Ser superior que de alguna manera es el Autor de todo lo que es, el Pensador de todo lo que Existe, se vuelve un juego del azar donde nada ni nadie tiene control de lo que ocurre a nivel del Universo, a nivel del planeta, a nivel de las relaciones humanas, y al nivel de la existencia.

Ese Ser - más comúnmente llamado Dios – que existe, Existe. Simplemente porque la Vida en toda su belleza, en toda su complejidad física y orgánica; en toda su magnificencia expresada en las mil y una formas de ser, en todo su intricado y misterioso modo de operar, no puede ser el resultado del azar, aunque dicho azar haya tenido millones de años ensayando cómo diseñar la complejidad que presenta la Vida. Tampoco el azar puede dar como resultado el Universo que ahora comenzamos a dimensionar en su abrumadora expansión, a valorar las fuerzas cósmicas que entran en acción para mantener todo el conjunto en un baile armonioso donde estrellas, planetas, galaxias se cortejan en un vals impecable siguiendo una Sinfonía Cósmica de una rutilante armonía. Un universo en constante expansión, en constante creación de mundos, de soles, de galaxias, de trillones de trillones de estrellas que siguen formando un majestuoso tapiz de luz, de energía, y de masas en sincronismo de reloj suizo, es ciertamente la producción de una Inteligencia Superior que puedo llamar Dios-Creador sin temor a equivocarme. El azar jamás ha producido diseño, orden y orientación a nada de lo creado. Todo lo creado con este nivel de complejidad pide; no, exige, una Mente Creadora que sea capaz de diseñar y poner en marcha una obra de tal magnitud.

Pero es contemplando, estudiando y comprendiendo la maravilla de cómo estoy compuesto por dentro, donde el mismo Universo y su magnificencia palidecen ante la intricada complejidad que presentan todos mis órganos operando como sistemas interrelacionados. Así, el sistema respiratorio inspira el oxigeno que las células y el cerebro requieren, el sistema digestivo prepara los alimentos para ser absorbidos, el sistema circulatorio distribuye el oxigeno y los nutrientes a todos los órganos, y el sistema nervioso lleva la maravillosa orquestación de los pulsos electrónicos que mantienen los órganos automáticos en funcionamiento permanente, sin que, por un instante tenga que preocuparme por dirigir u ordenarles qué tienen que hacer.

Todo este armónico funcionamiento es de una magnificencia insuperable que demanda y requiere que un Supremo Diseñador lo haya concebido y creado para que se desempeñe de esa manera.

Si nos maravillamos frente a la complejidad armónica de los órganos del cuerpo, nos quedamos mudos ante la complejidad del cerebro cuando mi mente produce no solo uno sino miles de pensamientos, cuando registra una emoción, cuando evoca un recuerdo de la niñez archivado en la memoria, cuando entra en acción la facultad de raciocinio y creatividad, cuando siente e interpreta las emociones y los sentimientos.

Por último, nos quedamos maravillados por la misteriosas manifestaciones de un espíritu que habita dentro de nosotros. Este espíritu es tan real como los pensamientos conscientes, como la presencia de mi Yo-consciencia que se puede contemplar a sí mismo, en un acto único de afirmación de Ser que nadie puede hacer por mí; pero que, al yo hacerlo, me define como un 'Yo-Espíritu' encarnado en esta espacio-temporalidad.

Hacerme consciente de que mi existencia es un regalo, que en ningún momento fui consciente en solicitarla, que no escogí a mis padres, ni el sitio de nacimiento, ni la fecha, ni la cultura, ni el idioma con el que iba a crecer, es un dato que no requiero de pruebas. Lo puedo constatar en un solo golpe de reflexión interna, en un momento instantáneo de toma de consciencia de 'que Existo'. En ese instante me confirmo que fui creado, sacado de la nada por mi Creador que lo hizo por el solo deseo de compartir conmigo 'Su Fuente de Ser', no en virtud de algún mérito de mi parte, sino por el simple y sobreabundante deseo de que yo existiera. Creación por puro Amor que no quiero en ningún momento olvidar, negar, descuidar su recuerdo, dejarlo pasar al plano de la negligencia, o peor al de la indiferencia. Esta afirmación de mi Yo-espíritu, experimentada en conexión con la fuente del Ser, me permite de nuevo tener esa certeza de que 'Dios existe', pues yo no soy el autor de esta esencia espiritual que compruebo que existe en mi, tan real como son mis pensamientos aunque no los pueda ver ni tocar.

Esta realidad de mi Yo-espíritu tiene su origen en una realidad Esencial de Espíritu puro y a la vez Creador, pues ya confirmé que yo mismo no me di la Existencia; esta se me fue otorgada gratuitamente por Aquel que la puede y de hecho la da. Esa fuente de Ser es Dios que Es la fuente de todo lo que es y el Creador de todo lo que existe.

Certeza de que me ha Creado a su 'imagen y semejanza'

Con esta primera gran certeza no me queda más alternativa que plantearme la segunda gran certeza y es que he sido creado de una forma tal que de alguna manera me asemejo a mi Creador así como físicamente me asemejo genéticamente a mis padres, y nuestros hijos tienen una 'fotocopia' genética de nuestros genes, así me asemejo, en alguna forma, en mi espíritu, a mi Creador.

De hecho, la Revelación de muchas religiones me confirman esta intuición y sospecha porque afirman que precisamente Dios, cuando creó al hombre, lo hizo a su 'imagen y semejanza'. Esta gran revelación la hicieron aquellos Mensajeros que hablaron en nombre Dios, y que respaldaron esta afirmación demostrando en vida que eran auténticos emisarios, con Autoridad delegada de ese Ser Supremo para comunicarnos esta gran verdad.

El hecho de que estos Voceros hicieron tal afirmación en Nombre de Aquel que los envió con este propósito, me permite confirmar que el haber sido creado a *'imagen y semejanza'* de Dios, es una Verdad Divina. Su revelación me da la certeza de que mi intuición no me engaña, ni que es una vana imaginación concebida por un deseo mío íntimo de que así sea. Esta certeza me pone en el plano de la paz interior porque el anhelo que siempre he detectado en mí de estar vinculado a este Ser Supremo, es de hecho, una realidad.

"Imagen y semejanza' que no puede ser física, pues la experiencia diaria me deja saber, sin lugar a dudas, que la vida que vivo ahora es apenas un momento, un lapso de tiempo promedio de 50-80 años que, una vez que termine, mi cuerpo se descompone en sus elementos constitutivos y la presencia física deja de ser. Por lo tanto si tengo una semejanza con mi Creador no puede ser física, tiene que ser en la dimensión inespacio-temporal porque esa es la dimensión donde Él habita, donde siempre ha estado, donde siempre ha de estar porque no puede estar circunscrito por la temporalidad ni por la espacialidad.

Por lo tanto si Dios me comparte algo de su Esencia, ésta tiene que ser en lo que es constitutivo a su Ser-Esencia, la no-limitación espacio-temporal. Si experimento mi Yo-íntimo y mi consciencia inespacio-temporales es porque la esencia de lo que éstos son, es precisamente que no son espacio-temporales. Si su esencia es inespacio-temporal, su manifestación no está constreñida por la espacio-temporalidad.

Porque así me experimento, así mismo puedo concluir de que Dios me ha creado a su *'imagen y semejanza'* en la expresión más intima de mi ser, en mi Espíritu que no está limitado al marco de la espacio-temporalidad sino que por ser parecido, de alguna manera a la Esencia de Dios, es por lo tanto inespacio temporal. Aquello que no está restringido por la espacio-temporalidad, de alguna manera, no perece. Morir exige que se viva en la espacio-temporalidad, el estadio de mortalidad. Pero si no se sigue viviendo en la espacio-temporalidad porque se ha pasado a una dimensión de inmortalidad, entonces la muerte no lo puede alcanzar. Esto me lo ha confirmado Dios en sus Revelaciones cuando nos ha dicho reiteradamente que somos creados precisamente para gozar de Su Presencia en un estado de inmortalidad, la máxima aspiración de ser de toda criatura consciente.

Mi Relación con el Creador define el sentido de mi vida

La afirmado arriba se convierte en la base que me permite establecer una relación personal, individual, mía, con mi Creador. Es una relación en la que puedo, en la intimidad de mi ser, hablar con confianza con Aquel que me trajo a la existencia. Hablarle de tal manera que, reconociendo y agradeciéndole el haberme creado, le pueda confiar mis temores más secretos, mis anhelos más profundos, mis planes más osados, mi ignorancia en tantas cosas que no sé, pero que, por la confianza que dicha relación me brinda, me permite este tipo de comunicación infantil, ingenua, del niño que confía en su Padre que le ensenará lo que más le convenga.

En este tipo de conversación ni el miedo ni el temor están presentes porque es una conversación amistosa, de confianza entre la criatura, que me reconozco que soy frente a mi Padre, que me ha concebido en un Acto de Amor incondicional. Este Padre no me inspira miedo ni temor. El castigo no es su modo de relacionarse con su creatura. Por el contrario, es una relación de apoyo, de iluminación, de crecimiento, de inspiración, de paciente guía, de comprensión, de ánimo y de paz.

Si no pudiera tener este tipo de relación personal con mi Creador, no quisiera tenerlo como Dios. ¿Qué Padre auténtico, amoroso rechaza una relación personal con su hijo? Si no lo hacemos los padres terrenales, ¿por qué lo haría el Padre-Creador del Universo con su más preciada criatura, nosotros, y en mi caso, Yo? No tendría lógica, no tendría sentido.

Esa relación personal con mi Creador se traduce en una conversación de corazón a corazón, de mente a mente, de pensamiento a pensamiento y de palabra a oración. Es irrelevante que la haga en lo secreto de mi habitación, en la soledad de la noche antes de dormir, en el fragor del día cuando saco el minuto después o antes del almuerzo. Lo importante es que mantenga esa conversación abierta, todos los días, porque sólo en el contacto seguido con quien amamos es que terminamos conociéndolo íntimamente. El tiempo que tenemos en esta franja de espacio-temporalidad no nos alcanza para llegar a tener una relación de verdadera profundidad con nuestro Creador.

Necesitamos toda una Eternidad para lograrlo y por eso Él nos regala la Inmortalidad para que podamos desarrollar ese conocimiento y amistad en toda su potencialidad. Está en nuestras manos, en nuestra decisión consciente, de iniciar esa relación íntima y personal desde ahora, sin desperdiciar estos momentos preciosos que nos abren las puertas a una relación que jamás podremos imaginar cuán hermosa es y cuánta felicidad nos puede brindar.

Quien crea que nos es posible tener dicha relación personal con el Creador porque su grandiosidad, su Eternidad, su infinita diferencia con nosotros no nos lo permite tiene una concepción equivocada de Quién es Él y cómo quiere relacionarse con nosotros. El habernos hecho a su *'imagen y semejanza'* es precisamente para que podamos tener dicha conexión, para que podamos establecer esa comunicación intima, de corazón a corazón. No captarlo es perder la oportunidad de crear dicho diálogo. No aceptarlo es forjarse uno mismo el vacío de la separación que no debe existir, pero que se da en la misma medida en que nosotros establecemos la separación.

Otros caminos de contacto con el Creador

Él mismo nos ha dado otros caminos para mantener ese contacto íntimo con Él.

Uno adicional, obvio, es la presencia histórica del Mensajero, de la Manifestación de Dios que se presenta frente a un pueblo determinado y explícitamente afirma ser Vocero autorizado y enviado por Dios para dar una Revelación. Quienes tienen el gran privilegio de estar presentes, de escuchar a la Manifestación, de seguirlo, de convertirse en los primeros discípulos, tienen una gran ventaja sobre los demás, tanto en cuanto no tienen que creer en Él porque alguien les cuenta quién fue, dónde nació, qué hizo, y por qué era una Manifestación de Dios. Esos afortunados que lo conocieron en vivo lo experimentan directamente, lo ven, lo escuchan, absorben sus palabras, ven sus actos, verifican el poder y autoridad que tiene para hablar en nombre de Dios. Estos privilegiados también adquieren un compromiso con la Manifestación que va mucho más allá de lo que probablemente se le pida a los seguidores subsiguientes. A no pocos de estos testigos directos se les ha pedido el martirio como el supremo gesto de adhesión y testimonio de la Manifestación.

Un tercer camino, es entrar en contacto con la Revelación consignada que nos ha dejado el Mensajero. Por eso, se dice que la Palabra de Dios, en su Sagrada Escritura, tiene el poder y la fuerza para transformar los corazones de quienes entran en contacto con ella. No es de sorprenderse, pues, si lo Revelado se expresa en palabras humanas; estas tienen la fuerza y capacidad de trasmitir su contenido. Si el texto lo trasmite con fidelidad, quienes entren en contacto con esa Palabra Revelada, sea verbalmente o por lectura privada, tienen la oportunidad de entrar en contacto con el pensamiento de Dios expresado en ese texto inspirado. Quien lee o escucha dicho texto se percibe transformado en su relación íntima con Dios, a la vez que se siente inspirado para servir a los demás.

Otra alternativa de comunicación con Dios se da en el encuentro comunitario para alabar, para celebrar al Creador. Cada Religión ha producido sus propias formas litúrgicas para hacer dicho contacto, algunas muy elaboradas, con mucho ritual externo como el uso de velas encendidas, de incienso quemado, de canto coral, de música solemne con órgano, de participantes que se levantan y se mueven al ritmo de la música o de la inspiración. Lo importante es destacar que dicho contacto con el Creador se hace al unísono, se hace en grupo, se hace en colectividad para expresar que dicho grupo humano acepta y proclama al Creador como comunidad de creyentes y seguidores. Algunos prefieren esta manifestación que la privada pues encuentran en ella una forma más sencilla, menos demandante que la conversación privada. Todas las formas son válidas mientras se entienda en qué consisten y por qué se llevan a cabo.

En este sentido se debe entender la afirmación de que hay muchos caminos para llegar a Dios. La mayoría de la gente nace, crece y se alimenta espiritualmente dentro de una Revelación especifica, llámese Hinduismo, Judaísmo, Zoroastrianismo, Budismo, Cristianismo, Islam, o la más reciente de las Revelaciones, la Fe Bahá'i. Lo más probable es que la mayoría que nace y crece en cualquiera de esas religiones sinceramente cree que esa es la más auténtica y verdadera para conocer a Dios. Lo cree porque lo más probable es que esto es lo que le han enseñado desde pequeño, aunque sea al precio de negar, o peor de rechazar las otras religiones bajo el prejuicio de que no son verdaderas, que no son auténticas, que no han provenido de Dios y que no enseñan la Verdad.

Bajo esa óptica, y no teniendo conocimiento alguno de lo que las otras religiones dicen sobre Dios, de cómo consideran que Él actúa en la historia de los hombres, de cuál es el contenido esencial de dicha Revelación respecto de la naturaleza intima de Dios, de cuál es Su relación con su criatura, no es de sorprenderse pues, que esa clase de persona se ancle en la creencia firme de que los demás son 'infieles', que van en contra de la Revelación, que son el Maligno, Satanás, o el 'tentador' que busca perder a los fieles con falsas enseñanzas, con falsas profecías.

No sorprende con esa posición radical que entonces miles de miles de personas acusen y maldigan de las otras religiones y tajantemente afirmen que no son aceptables como camino para encontrar a Dios. A estos les hace falta la perspectiva histórica de que Dios se ha revelado paulatinamente a todos los pueblos de la Tierra en algún momento de su historia colectiva. En esos momentos, a través de su Enviado, ha hecho con ese pueblo un Pacto, una Alianza, un Convenio de que Él será su Dios y Guía siempre y cuando acepten sus enseñanzas y mandamientos, y que vivan de acuerdo a ellos. De hacerlo, Dios les garantiza que recibirán las bendiciones de sus promesas.

Con esta perspectiva histórica es fácil captar lo esencial de cualquier Revelación y aceptar que, quienes viven cobijados bajo esos preceptos, están caminando por el buen camino, están progresando en su Jornada hacia la Casa del Padre. Que pueda haber una relativización de los preceptos sociales dictados por el Mensajero previo cuando el nuevo aparece es un paso lógico en el progreso espiritual que una nueva Revelación trae. Cuando se la contempla bajo esa óptica, no hay razón para rivalizar ni negar las creencias de los demás. Cada uno está caminando por el camino que su Revelación le ha enseñado que es el más apto para llegar a Dios. Que puedan estar 'retrasados' con respecto a una Revelación posterior no quiere decir que estén equivocados, simplemente que están constreñidos por las limitaciones históricas que dicha Revelación anterior ha adquirido a lo largo de su desarrollo temporal.

Dios nos ofrece múltiples caminos para contactarlo, para entrar en esa relación personal que hace la diferencia entre caminar sin horizonte espiritual o peregrinar bajo la luz-guía del Creador. Él quiere lo mejor para cada uno, pero el recorrido hay que hacerlo personalmente, poniendo el esfuerzo necesario para superar los obstáculos, llevando a cabo la lucha interna para controlar las demandas constantes del ego que no tiene límites, pero bajo la certeza de que siempre estamos cobijados con las bendiciones que se recibirán cuando elegimos caminar por el sendero indicado.

Venimos como 'Prisioneros de la Vida' y nos vamos como 'Peregrinos de la Existencia'

A nadie se le escapa la condición de prisionero literal que se vive en esta franja de espacio-temporalidad que llamamos 'vida' y que nos dura un promedio de 50-80 años para la mayoría, antes de hacer el paso de transición que llamamos 'muerte'.

¿Por qué el apelativo negativo de prisionero?

Porque es la simple y pura verdad. Somos prisioneros esencialmente del tiempo que nos es dado para experimentar la vida temporal como una etapa de transición. Poco o ningún control tenemos sobre los años que se nos otorga como vida terrenal. Podemos vivirlos con gran calidad si nos cuidamos en lo que comemos, si hacemos el ejercicio suficiente, si trabajamos en lo que nos apasiona hacer, si tenemos un mínimo de confort que nos evite estrés excesivo, si no caemos víctimas de una epidemia o de un evento fortuito peligroso como un huracán, un terremoto, o un accidente de tránsito.

Somos prisioneros condicionados a deambular en un espacio atmosférico del cual no podemos salirnos sin ahogarnos por falta de oxigeno. Cuando nos desplazamos por el aire en avión lo hacemos en cabinas presurizadas que nos permiten tener el aire con oxigeno para sobrevivir un vuelo de 5 horas volando por encima del mar, a 30.000 pies (9,144 metros) de altura. No podemos llegar de nuestra casa al sitio de trabajo o al colegio si no es en carro o en bus, pues normalmente se encuentra lo suficientemente lejos que lo hace impráctico ir allí caminando. Con solo pensarlo no nos desplazamos de un lugar a otro. Tenemos que hacer el recorrido, a pie o en un vehículo, si queremos llegar al sitio deseado.

Venimos a la vida 'prisioneros' en un cuerpo que, aunque maravilloso en su diseño, perfecto en su ensamblaje para que funcione óptimamente; sin embargo, es un cuerpo con limitaciones. Está sometido a resentirse con el cambio de temperaturas ambientales a tal punto que deja de funcionar si una nevada o una helada nos agarra fuera de la casa sin la adecuada ropa para protegernos del frio. Igualmente si nos encontramos perdidos en un desierto, sin agua, con un sol achicharrante no es mucho el tiempo que aguantamos antes de sucumbir a la insolación, a la deshidratación.

Aunque poseemos un increíble mecanismo de defensa contra gérmenes, bacterias y microbios si un mosquito con malaria o dengue hemorrágico nos pica, si las bacterias de un tuberculoso se nos entran en nuestro sistema respiratorio, si el virus del VIH entra en nuestro torrente sanguíneo, si estamos al lado de alguien con sarampión y no estamos vacunados; en cualquiera de estos casos los agente patógenos son mucho más fuertes, más destructivos que nuestro espectacular sistema de defensa y a pesar de que este sistema pueda dar una elegante batalla, en la mayoría de los casos, especialmente los niños, sucumben ante la agresividad de estos microbios.

En ese sentido tenemos una nave corporal maravillosamente fina, pero delicadamente frágil. La espina de un rosal puede perforar la piel de un dedo, el aguijón de una avispa puede atravesar la piel de un brazo y producirnos una reacciona alérgica extremadamente dolorosa; una mordida de una serpiente es fatal; un clavo sucio que nos traspase la planta del pie puede producirnos tétanos; una astilla delgada puede perforarnos el ojo y dejarnos ciegos; una lámpara, antorcha o vela puede quemarnos la piel en tal grado que podemos perder un miembro; una infección en una pierna por un accidente, por una bala, puede producirnos gangrena y debe ser amputada. Somos una verdadera maravilla de ingeniería biológica que es a la vez de una fragilidad soberana como lo pone de manifiesto los pocos ejemplos que damos arriba. Es, en este sentido, que podemos afirmar que somos 'prisioneros temporales' de una frágil nave corporal expuesta a cientos de posibilidades de ser dañada o fatalmente herida.

Hay otra limitación que nos hace prisioneros de nuestra espacio-temporalidad y esta es la de la absoluta y llana realidad de que nacemos como *'tabula raza'*, o sea, sin saber nada de nada, con la necesidad de aprenderlo todo desde el comienzo, cada uno de nosotros independientemente si nacemos en un hogar acomodado o una covacha en un barrio de invasión, si nacemos de padres sanos o de prisioneros de la droga o el alcohol; si nacemos de padres con educación superior o de obreros analfabetas que a duras penas si pueden firmar; todos y cada uno de nosotros tiene que pasar por el proceso de aprendizaje de lo más elemental hasta lo más complejo.

Se comienza aprendiendo a distinguir objetos al nacer, unos más cercanos que otros, unos cumpliendo una estupenda labor de gratificación como el seno materno y las manos mágicas de mamá que cambian los pañales. Se aprende a distinguir los objetos y para qué sirven, unos para divertirme agarrándolos, golpeándolos contra mi cuna o contra el piso; otros simplemente para hacerlos sonar, para moverlos mientras me rio alegremente.

Tenemos que aprender a pararnos en los dos pies, dar los primeros pasos, caernos cientos de veces hasta que finalmente despegamos y podemos caminar por nuestros propios medios. Tenemos que oír cientos de veces sonidos sin sentido hasta que un día comenzamos a hacer la conexión entre el sonido y el objeto que ese sonido representa. Comenzamos a grabar en la memoria los sonidos que se relacionan con acciones, los sonidos que identifican objetos, los sonidos que indican deseos, los sonidos que expresan estado de ánimo. Al cabo del año o año y medio comienzo a pronunciar palabras que pronto se articulan en un lenguaje que me permite comunicar mis pensamientos, mis deseos, mis temores y emociones con mis padres, con mis hermanos, con mis amiguitos.

Después comienza el lento proceso de socialización en el que aprendemos las reglas de comportamiento con los mayores, con los de la misma edad, con los que frecuentan la casa, con los que vienen y van, con los que se puede tener confianza, con quienes apenas si cruzamos palabras.

El proceso de aprendizaje entra en su fase más ardua y larga y es la de aprender el inmenso bagaje de contenidos técnicos, de conceptos científicos, de criterios de juicio, de manejo de las matemáticas, de la literatura, de las artes, de la historia y de la filosofía.

Nadie hace este progreso de infante ignorante a doctor graduado en cinco, ni en diez años. Algunos necesitan todos los años de primaria, los de secundaria, los básicos de la Universidad, la especialización, los estudios superiores, un promedio de 20 años de estudio seguidos. Es quizá la prueba más evidente de cuán prisioneros somos de la ignorancia con que llegamos a la vida. Y no nos podemos liberar de ninguna de estas prisiones al menos que hagamos los correspondientes ejercicios mentales, físicos y prácticos que nos permitan pasar de los conceptos a la vida real.

Esta limitación intelectual es quizá la mayor de las prisiones porque esta facultad es la que esta intrínsecamente más capacitada para ser la que tenga la mayor de las libertades potenciales una vez que se abren las puertas del entendimiento. No hay límite en lo que hay por conocer. Siempre habrá un aspecto, un nuevo misterio por descubrir, una nueva composición de la materia por desentrañar, un nuevo elemento químico por desarrollar; una ley nueva de ingeniería que permita avanzar la arquitectura a dimensiones desconocidas; una nueva droga o producto que nos permita dominar, controlar o curar nuevas enfermedades que han de aparecer; nuevas estrellas y galaxias por identificar y clasificar; nuevas especies animales o vegetales por descubrir. El ámbito del conocer es tan grande como lo es la Creación y esta ya ha dado visos de que es infinita en extensión. Por lo tanto, nuestro conocimiento tiene como horizonte de desarrollo, las dimensiones del Infinito, que rompe las limitaciones presentes y libera el conocimiento para que pueda crecer indefinidamente

Intuir este horizonte nos hace penosamente conscientes de cuán encadenados estamos a la limitación de nuestra presente etapa evolutiva del conocimiento restringido por la espacio-temporalidad y nos confirma, una vez más, el por qué podemos afirmar que venimos a la vida como '*prisioneros*'.

Pero si bien es cierto que somos '*Prisioneros de la Vida*' por nuestras limitaciones espacio-temporales, sin embargo estamos destinados a ser '*Peregrinos de la Existencia*'.

¿Qué queremos decir con esta afirmación?

Venimos a la Vida en la concreción de la espacio-temporalidad terrenal. Con esta aparición en esta dimensión ciertamente que comenzamos a Ser, a Devenir y lo hacemos dentro de los limites expuestos por la espacio-temporalidad de nuestro cuerpo, de nuestro crecimiento, de nuestro desarrollo. Sin embargo, venimos a la vida con una impronta muy especial, y es que venimos creados a '*imagen y semejanza*' de nuestro Creador. Esta afirmación la hemos expuesto al principio del capítulo y es en base de su explicación que proseguimos nuestra reflexión.

Esta '*semejanza e imagen*' con nuestro Creador no es en base al cuerpo y cerebro que tenemos, pues Dios no es un-ser-corporal. De serlo estaría restringido por el espacio y el tiempo y seria un ente más del Universo como nosotros, o sea limitado. La limitación no es una cualidad de lo divino; por el contrario, una limitación tan básica lo convertiría en humano, lo que ya hemos visto es venir a la Vida precisamente con la limitación con que nacemos. Un dios-corporal es un dios-mortal y un dios-mortal no puede ser la Fuente de lo creado, de todo lo que es, porque todo lo que conocemos en la dimensión de la espacio-temporalidad es finito, es perecedero, es temporal, se descompone en sus elementos constitutivos cuando le toca experimentar su mortalidad, su ciclo de vida, su ciclo de ser. Un dios-perecedero no puede ser el Dios-de la Creación porque ésta exige, para ser, para sostenerse en esta dimensión, que su Fuente de origen sea imperecedera, sea Eterna, no sujeta a la dimensión limitante de la espacio-temporalidad como la experimentamos todos los días.

Nuestra *'semejanza e imagen'* de Dios dentro de nosotros tiene que ser y radicar en algo imperecedero. ¿Cuáles de nuestras facultades demuestra que no está restringida por la espacio-temporalidad aunque dependa de la fisicalidad (de la espacio-temporalidad) de un órgano específico? Esta facultad es nuestra mente y nuestra consciencia. Ambos son funciones de la misma realidad-entidad espiritual de la que estamos imbuidos y con la cual tenemos una *'imagen y semejanza'* divina pues el funcionamiento, el producto de esta facultad – los pensamientos, la creatividad, el ser testigo de mi propio Yo, el ser consciente de mi existencia, mis memorias y mis emociones – todas ellas, no son productos espacio-temporales. Están inmersos en las profundidades del cerebro, pero no existen bajo las leyes de la espacio-temporalidad porque estas no rigen su existencia.

Si esta facultad es la que me asemeja a Dios, y no está restringida por la espacio-temporalidad, entonces está diseñada y orientada a la existencia intemporal, inespacial. Esta es la Existencia de Dios, pues en Él, ni el tiempo ni el espacio rigen, ni lo limitan. Por el contrario, espacio y tiempo vienen a ser posibles, porque Dios los crea cuando trae la Creación a la dimensión de expresión exterior visible, o sea a la dimensión de la espacio-temporalidad. En este *'momento'* es cuando literalmente la realidad objetiva comienza a ser para el Universo Creado, pues es, en esta dimensión, en la cual la realidad objetiva puede ser captada, puede ser entendida, puede ser analizada por una consciencia creativa, inquisitiva como la nuestra.

Al hacer el paso de transición de la *'muerte'* o sea el paso de liberación de la consciencia del cuerpo que le ha dado el vehículo de expresión espacio-temporal, esta consciencia, que no tiene ni esta constreñida por el espacio y tiempo continua siendo lo que ha sido en una nueva dimensión de Ser. En esa dimensión existe como consciencia pura, como energía auto-reflexiva, como unidad de ser en una nueva forma de seguir *'siendo'*, de seguir Existiendo. En ese momento la afirmación del subtítulo adquiere todo su significado. Pasamos de esta dimensión espacio-temporal que me permite experimentar la fase de vida temporal, a la próxima fase que es experimentar la Existencia como la fase de Ser intemporal-inespacial, o sea irrestringido por las dos dimensiones que me hacían perecedero en la temporalidad.

Al hacer el paso de la temporalidad a la intemporalidad, de la espacialidad a la inespacialidad, mi consciencia se hace una con mi Espíritu y en verdad inicia su verdadero camino, el ser 'Peregrino de la Existencia'. 'Peregrino' porque el evolucionar, el devenir es ser más consciente, más conocedor de todo lo que hay por conocer en la Creación; tarea infinita, pues la Creación de Dios (no la limitada al universo físico) es Infinita como lo es Él. 'Peregrino' porque el deambular por la Existencia es un continuar, sin fin, en la persecución de ese Conocimiento Infinito que no puede ser atrapado ni agotado dado que las riberas de su existencia son la misma Existencia y esta es Infinita.

En ese momento es cuando me vuelvo consciente de que ser y existir como creatura con 'imagen y semejanza' de mi Creador es el estar presente e inmerso en la Existencia que no tiene fin, pues el Creador es la Fuente de Ser. Él, que me moldeó a su 'imagen y semejanza' me otorgó una Existencia semejante a la suya, o sea sin fin, sin término, porque no tiene temporalidad, y al no tenerla no tiene dicha limitación. Darme cuenta de ésta es mi verdadera razón de Ser, es decir, la de ser 'Peregrino de la Existencia' es la que me da la libertad anhelada, pues no tengo ni vivo dentro de las condiciones de limitación que me habían impuesto la experiencia de la espacio-temporalidad. Ahora sí estaré libre para hacer ese Peregrinaje en el mar de la Existencia que no tiene playas que lo limiten o que me impidan seguir descubriendo la grandeza del Ser que me dio la Existencia.

Cielo y el Infierno – no son sitios, son estados de ser

No hay dos conceptos religiosos que hayan tenido más interpretaciones artísticas, escritas, predicadas y enseñadas que el Cielo y el Infierno. Estos conceptos, desde el inicio de la humanidad, han tenido sus defensores como sus adversarios. Ardientes defensores que han le han dado validez a su interpretación específica citando los libros sagrados de sus religiones que afirman que hay un sitio al cual iremos después de nuestra transición terrenal para gozar indefinidamente el justo premio por nuestras buenas obras, o el castigo por nuestras faltas.

No menos fogosos adversarios ha habido que han proclamado que tanto el Cielo como el Infierno son el producto de los detentadores del poder religioso utilizados desde siempre para infundir miedo en la masa de los seguidores y obligarlos a obedecer ciegamente los preceptos morales interpretados por sus directores. La mayoría de las veces los seguidores no tienen el derecho de preguntar o indagar por la validez de dichas definiciones e interpretaciones. La amenaza, que les ha funcionado a dichos directores religiosos durante cientos de años es que, de no seguir al pie de la letra dichos preceptos, los infractores han de recibir el castigo de una condena que se ha de pagar en el Infierno para siempre. Por el contrario, quien obedece sin preguntar y vive de acuerdo a los preceptos firmemente expuestos por los dirigentes religiosos, esos tienen prometido el premio del Cielo.

No pasa desapercibido que las descripciones más conocidas de lo que es el Cielo como el Infierno, están hechas en categorías físicas. Los dos son presentados en términos de realidades físicas como las que experimentamos en esta vida espacio-temporal. Sus interpretadores no han podido desprenderse del marco de referencia de que la 'realidad verdadera' es lo concreto, lo físico, lo tangible. Esta concepción les impide concebir una realidad alternativa que sea diferente.

Sin embargo, hemos visto en detalle a lo largo de varias de las Lecciones que la Vida me ha dado es que, la realidad total de la misma realidad física, es la que no se ve, la que está escondida en la intimidad de su estructura, pero no porque no la 'veamos' con los ojos desnudos, no por eso deja de ser la realidad más importante, pues sin esa estructura interna, la expresión espacio-temporal que afirmamos que es real ni siquiera puede darse. La realidad interior es la que le da 'existencia' a la exterior.

Cuando queremos expresarnos de una realidad no constreñida por la espacio-temporalidad nos vemos presos por el idioma que no tiene cómo expresar esa realidad extraordinaria que no se ve porque no aún no se han inventado los vocablos para describir la otra realidad invisible. Un idioma que no goza de una cohorte suficientemente grande de personas que hayan experimentado de lleno esa otra realidad, no tiene cómo hacer referencia, usar palabras para crear imágenes que describan adecuadamente la existencia de dicha dimensión no espacio-temporal.

Precisamente por eso es que los que intentan describir ese Cielo o ese Infierno están constreñidos por el mismo idioma y se ven forzados a usar las imágenes más depuradas que el idioma tiene para expresar dicha realidad que se escapa al idioma. De ahí se entiende el por qué algunas versiones cristianas y musulmanas nos presentan al Cielo como un sitio físico donde se lleva a cabo un gran festín (símbolo de abundancia y de satisfacción de la necesidad más primaria del ser humano, la de comer) en el cual el premiado goza a plenitud su triunfo en una aparente cena que no tiene fin. Y quienes acceden a este Cielo fastuoso pueden consumir las bebidas más exóticas, y los manjares más exquisitos.

Otra imagen infantilmente física es la descripción que el Paraíso se encuentra en el cielo físico, atmosférico que cubre a la Tierra. Allí, los premiados, vivirán sobre las nubes que es su hábitat diario. Será un sitio físico donde no habrá sed ni hambre, donde no tendrá que trabajar para obtener su sustento; no habrá guerra y se vivirá en paz; donde el hombre no tendrá roces con nadie que le alteren ese estado de euforia permanente. En definitiva, es un sitio físico que no tendrá las limitaciones del sufrimiento que experimentamos a diario y que deseamos ardientemente vernos liberados de los mismos.

La otra cara de la moneda aparece por lógica. Si el Cielo es este sitio paradisiaco sin fin donde todo es bienestar y gozo, el Infierno aparece con toda su fealdad. Es un sitio físico también, subterráneo, dentro de la Tierra donde se que supone hay un enorme lago (tan grande que puede dar cabida a millones y millones de pecadores) lleno de fuego permanente que tortura a los que están dentro pero no los consume y este castigo es para toda la eternidad. Un sitio del cual no hay redención porque es el castigo 'merecido' por haber hecho la transición en estado de pecado mortal.

En ambas descripciones se da uno cuenta de cuán infantil es la interpretación de dichos sitios. Lo más evidente es que los defensores de esta visión no se pueden desprender del aferramiento que tienen a que, toda realidad posterior a nuestra espacio-temporalidad, tiene que ser física, igual a la que conocemos ahora. Estos interpretadores siguen absolutamente convencidos de que se tiene que tener un cuerpo (que de alguna forma tiene que haber resucitado, claro está) para poder seguir existiendo en dicha dimensión. Estos no pueden concebir que la Existencia continúe en una dimensión donde el cuerpo físico terrenal no exista. Para ellos su realidad humana es básicamente el individuo que tiene un cuerpo físico con un cerebro para pensar. No pueden concebir que la consciencia inespacio-temporal, en una nueva etapa de evolución-desarrollo, no requiere del cuerpo para llevar a cabo dicha evolución. De ahí, pues, que tanto para estar en el Infierno o en el Cielo se tiene que tener el mismo cuerpo físico (o uno parecido) para poder experimentar la dicha sin fin, o el tormento sin fin en un sitio igualmente físico.

En esta concepción lo físico define la realidad de la existencia de ambos sitios. Sin embargo, cuando estamos dormidos profundamente, nos damos cuenta qué está ocurriendo en el sueño, qué se está sintiendo. También se es consciente de que no experimentamos corporalmente esa vivencia de la misma forma como lo sentimos cuando estamos despiertos. No se siente el cuerpo denso, físico, sensorial, sino por el contrario se experimenta un cuerpo sutil que no impide ni que es obstáculo para realizar las acciones que se sueñan. El cuerpo 'acompaña', en segundo o tercer plano, a la consciencia de estar soñando sin interrumpir ni desviar el sueño de su realidad onírica. Realidad muy diferente a la que se experimenta despierto, pero percibida como realidad con la misma fuerza, nitidez y significado de aquella que se experimenta despierto. Tan real es para alguno de nosotros que interpretamos lo soñado como premonición de lo que va a ocurrir; y en no pocos casos eso es exactamente lo que ocurre.

La realidad del sueño es un excelente ejemplo de cómo vivimos nuestra existencia en otra dimensión en donde la que espacio-temporalidad no funciona ni se aplica de la misma manera que cuando estamos despiertos. Una confirmación adicional de que si podemos tener una vivencia de una dimensión diferente de existencia que no es física, a como la que experimentamos físicamente en nuestro estado de consciencia despierta.

Agradecimiento diario– el Himno de la criatura frente a la Vida, a su Creador

Quien no aprende a agradecer lo que ha recibido en la Vida no aprende a amar ni apreciar la Vida que le ha tocado vivir. Quien no aprende a apreciar la Vida que le ha tocado vivir, termina viviendo el infierno que está obligado a vivir.

He descubierto que si quiero vivir lleno de entusiasmo, con alegría, con plenitud lo que cada día me trae como regalo de la Vida, debo comenzar el día agradeciendo a la Vida, a Dios, o a quien quieras invocar espiritualmente para agradecer el don de estar Vivo y de poder vivir ese día con plena conciencia de que ese día, como todos los anteriores que he vivido, son gratuitos. Mi diario vivir me lo regala la Vida sin que yo me haya ganado el privilegio de poderlo vivir. Es un regalo y como tal así hay que aceptarlo y vivirlo, como regalo, con agradecimiento, con alegría. Mi agradecimiento lo expreso en el reconocimiento de que ese regalo se me ha dado gratuitamente por el Amor

Incondicional de quien me Creó y que Él me lo otorga sin ningún mérito de mi parte.

Agradecimiento no solo por haber sido regalado con el don de la Vida. Agradecimiento porque tengo salud, agradecimiento porque mis órganos funcionan bien, agradecimiento porque las pequeñas limitaciones de hombre que tengo (mala vista, estómago delicado, dureza en las coyunturas) no son nada comparado a lo que otros tienen que aguantar diariamente: invalidez de algún miembro, bajo coeficiente intelectual que no le permite entender las cosas con facilidad, mal funcionamiento de un órgano que lo hace dependiente de algún aparato o medicamento, enfermedad crónica que no le permite hacer ejercicio físico, la espera lenta y desesperante por un órgano-donante para que le puedan hacer un trasplante, la pérdida de los padres en un accidente de tránsito, el abandono de todo familiar por estar demasiado viejo dejándolo en una institución estatal sin ningún calor humano.

Agradecimiento porque logro entender la razón por la cual estoy acá en esta dimensión espacio-temporal con un propósito de vida, con los medios para llevarlo a cabo, con la mente despejada para crear lo que deseo comunicar, por la compañera de la vida con la que llevo más de 37 años de convivencia descubriendo todos los días que el tesoro del Amor hay que cultivarlo como una planta que requiere que la rocíen diariamente.

Agradecimiento por dos hijos que me enorgullecen por lo que han logrado en sus vidas, porque son el reflejo de mis mejores sentimientos, por su convencimiento en los Valores por los cuales si vale la pena luchar, por la integridad de sus vidas que las han vivido a la medida de sus posibilidades.

Agradecimiento porque he tenido una compañera de vida que ha sabido administrar nuestra economía de manera que hoy día puedo dedicarle tiempo a escribir estas reflexiones, mi herencia más preciada que les dejo a mis hijos. Sabia administración que nos ha permitido vivir holgadamente a lo largo de todos los años de crecimiento de los hijos de manera que no les faltara lo esencial en su nutrición, en su educación, en su vestimenta, en sus experiencias infantiles que les han de durar como recuerdos gratos para toda una vida.

Agradecimiento porque he aprendido las lecciones que me ha brindado la Vida y no las he desperdiciado. He logrado superar los golpes normales que todos experimentamos a lo largo del peregrinar por esta espacio-temporalidad y he aprendido de ellos a conocerme íntimamente, a descubrir fortalezas y debilidades, a crecer interiormente en dimensiones que ni me sospechaba que las tenia; a adquirir la perspectiva entre lo importante y lo valioso, entre lo pasajero y lo perdurable; a vivir en este mundo y disfrutar de su belleza y de su riqueza siendo consciente de que es apenas el primer paso de mi evolución consciente que ha de continuar indefinidamente cuando haga el paso de transición que todos tememos y por eso la llamamos 'muerte'.

Agradecimiento por haber descubierto, después de un largo y tortuoso caminar espiritual, una Fe que me llena, que me da Certeza en tantos interrogantes que a otros los ahoga y desespera. Una Fe que me hincha el corazón de esperanza en un futuro que hoy más que nunca en todos los años vividos, pareciera que no tuviera como mejorarse porque no solo estamos acabando con el planeta que nos alberga, sino que nos seguimos destrozando en este afán de búsqueda de poder, de acaparar dinero para comprar felicidad que no se puede comprar.

Agradecimiento por el solo hecho de poder pensar y sentir pues hay tantos que no tienen como pensar dado que nacieron sin las conexiones cerebrales que le permitieran desarrollar esa parte de su crecimiento mental.

Agradecimiento porque aún puedo sentir las grandes emociones que me embargan por lo bello que constato todos los días, por las emociones que me hacen sentir vivo, presente en este momento de mi Existencia como uno de los dones más preciados que tengo.

Agradecimiento por la Certeza de que vivo gozando de una Revelación auténtica, al estilo de cómo Dios se ha revelado anteriormente, es decir, a través de un enviado escogido por Él para darnos una Revelación especifica respaldada por Su Palabra Creadora y por la autenticidad de la vida de su Mensajero que vivió lo que predicó, que encarnó lo que develó, que iluminó lo escondido de las Revelaciones del pasado, que abrió la puerta de una nueva etapa de la evolución espiritual de la Humanidad. Esta revelación la he encontrado en la Fe Bahá'i y en su Manifestación, Bahá'u'lláh, la Gloria de Dios.

Agradecimiento por esta impronta divina que tengo dentro que me hace 'a imagen y semejanza de Dios' porque ella es la garantía de que mi Evolución seguirá en forma continuada en la otra dimensión no espacio-temporal, haciendo posible la dimensión de inmortalidad que tanto anhelamos tener porque rechazamos instintivamente la idea de termino, de muerte final y definitiva.

Esta peregrinación tendrá un acercamiento calmado pero interminable de ir alcanzando la Presencia de mi Creador, razón última de mi Existencia, pues Él fue Quien me la dio y solo volviéndome a ser uno con Él podrá mi alma inquieta alcanzar esa Paz, mi auténtico Cielo, que Él mismo me ha prometido. Mía es la labor de peregrinaje. Suya es la certeza de que la alcanzaré y que en ese momento no querré estar en ningún otro estadio de Existencia fuera de la estar disuelto en Él, la fuente de toda Existencia.

REFERENCIAS

Capítulo 1

1) Google. *Estructura de la Célula. pbhscélula.blogspot.com/*
2) Idem
3) Google. Cerebro humano. Wikipedia, la enciclopedia libre
4) David Comings. *Did man Create God?*. pg.343
5) Google. Cerebro humano. Wikipedia, la enciclopedia libre
6) Idem.
7) Google. Brain cells. Neuron - Wikipedia, the free encyclopedia *en.wikipedia.org/wiki/Neuron*
8) Google. *Neurotransmisor* - Wikipedia, la enciclopedia libre *es.wikipedia.*Google.
9) Google. speed of brain cells transmission The *Speed of Brain Cell* Communication *www.disabled-world.com/.../brain/brain-speed.p*

Capítulo 2

(1) Google. Digestión en el ser humano - Wikipedia, la enciclopedia libre *es.wikipedia.org/wiki/Digestión_en_el_ser_humano*
(2) Google. *Efectos* y consecuencias del *colesterol* alto | SaludDiaria. com *www.saluddiaria.com › En General › Salud*
(3) Google. *Campbell's Soup* - Home *www.campbellsoup.com/*

Capítulo 3

1) Google. Mujeres famosas en siglo XX-XXI
2) Google. Genetic differences between human races. Race and genetics Wikipedia the free enciclopedia en wikipedia.org/wiki/ Race_and _genetics

Capítulo 4

1) Google. Monica Duffy – civil wars. Rethinking Rebellions: A New Approach to Ending Civil War ... *belfercenter.ksg.harvard.edu*
2) Google. escándalos sexuales políticos. Los 10 escándalos sexuales de los políticos | EcoListas *listas.eleconomista. es/.../1286-los-10-escandalos-sexuales*
3) Gayle Woolson, *Divina Sinfonia*, pg.13
4) Google. Diccionario de la Real Academia

BIBLIOGRAFIA

Comings, David, MD. *Did Man Create God? Is Your Spiritual Brain at Peace with your Thinking Brain?* Hope Press, Duarte California, 2008.

Woolson, Gayle. *Divina Sinfonia*, Editorial Baha'i Indolatinoamericana, Editorial Ebila, Buenos Aires, Argentina, 1992

www.ingramcontent.com/pod-product-compliance
Lightning Source LLC
Chambersburg PA
CBHW061244280526
45784CB00002B/623